Handbuch für heilende Hände

Horst Krohne

HANDBUCH FÜR
HEILENDE HÄNDE

DAS A – Z DER ÜBERTRAGUNG VON HEILENERGIE

Unter Mitarbeit von
Gertraud Erlinger

Ansata

Ansata Verlag
Ansata ist ein Verlag der Verlagsgruppe
Random House GmbH.

ISBN 978-3-7787-7223-2

11. Auflage 2010
© 2002 Ullstein Heyne List GmbH & Co. KG, München
© 2004 by Ansata Verlag, München,
in der Verlagsgruppe Random House GmbH
Alle Rechte sind vorbehalten.
Redaktion: Anja Schmidt, München
Einbandgestaltung: Gerd Aumann, Wiesbaden
Druck und Bindung: RMO, München

Hast du psychische Probleme – suche im Physischen

und behandle den Stoffwechsel sowie alle Stoffwechselorgane

Hast du ein organisches Problem – suche im Psychischen

und behandle hier – so findest du die Zusammenhänge in der Psychosomatik

Inhaltsverzeichnis

Vorwort 9

Liebe ist die stärkste Heilkraft 11
Heilenergie übertragen 11
Verursacher erkennen und auflösen 11
Krankheiten bioenergetisch behandeln 12
Wann bioenergetisches Heilen wenig Wirkung zeigt 12
Wann Heiler erfolgreich sind 14

Heilverfahren 15
Was ist Heilung? 15
So entstehen Störungen im Körper 15
Auf welcher Ebene behandelt werden soll 16
Behandlungsarten 20
Wovon hängt der Heilerfolg ab? 21

Symptome von A–Z 23

Anhang 127
Glossar 128
Suggestionen/Affirmationen 131
Die Wirbelsäule und ihre Chakren-Zuordnung 136
Organe und ihre Zuordnung zur Wirbelsäule 137
Zähne und ihre Organ-Zuordnungen 138
Allergie-Checkliste 139
Nahrungs- und Genussmittel-Allergien 140
Literatur 141
Adressen 142
Register der Krankheiten und Symptome 143

Vorwort

Nach nunmehr 25-jähriger Erfahrung und Forschung im energetischen Heilen fasse ich den Entschluss, ein neues Buch über das Behandeln von Krankheiten und Symptomen mittels Bioenergien zu schreiben. Dabei möchte ich weitgehend darauf verzichten, auf Affirmationen und das Erlernen neuer Gedankenmuster einzugehen, sondern stattdessen Übertragungsmöglichkeiten hervorheben, die bei verschiedenen bioenergetischen und/oder geistigen Heilmethoden angewandt werden. Wenn ich trotzdem bei einigen Krankheiten und deren Behandlung von Suggestionen* spreche, so ist damit gemeint, dass Heilenergie durch Gedanken und gesprochene, zielgerichtete Sätze fokussiert wird und somit den energetischen Heilvorgang stärken kann.

Horst Krohne

Anmerkung: Alle mit * gekennzeichneten Begriffe finden Sie im Glossar erklärt.

Liebe ist die stärkste Heilkraft

Niemals verzichten möchte ich auf die Kraft der Liebe, denn sie ist und bleibt die stärkste Kraft bei allen Heilverfahren. Unser Denken und unsere Emotionen sind eine Macht, und jeder Gedanke, jede Emotion hat das Bestreben, sich zu verwirklichen. Können wir das außer Acht lassen? Sicher nicht, ist doch allgemein bekannt, dass der größte Teil aller Erkrankungen psychosomatisch ist.

In den letzten Jahren sind einige ausgezeichnete Nachschlagewerke über psychosomatische Wechselwirkungen erschienen. Nutzen Sie diese, denn Sie werden darin vieles über das Entstehen von Krankheiten finden, und so mancher Hinweis wird Ihr Leben und Ihr Wohlbefinden verbessern.

Wenn ich nun einen anderen Weg einschlage, so liegt es an den Erkenntnissen und Erfahrungen, die ich beim energetischen Heilen gewonnen habe. Diese zeigen, dass nicht alles »psychologisiert« werden muss, und ebenso, dass Heilung nicht nur durch neue Gedankenmuster entsteht. Unser Bewusstsein lernt Selbstregulierung und Heilung auf verschiedenen Ebenen.

Heiler und Lehrer sind sicher notwendig, aber unterschätzen wir nicht die dem Leben gegebenen Heilungskräfte, die begierig jede Information aufnehmen, die zur Selbstheilung führt.

Heilenergie übertragen

Haben Sie Vertrauen beim Übertragen von Heilenergie. Alles Lebendige ist darauf ausgerichtet, Informationen zu suchen, um die Lebensgrundlagen zu verbessern. Wenn es trotz aller Bemühungen – mit welcher Heilmethode auch immer – Krankheiten und Not gibt, so liegt das daran, dass Verursacher existieren, deren Kraft stärker ist als die Selbstregulierungkräfte. Keine der Heilinformationen erreicht eine Genesung und Heilung, wenn fortwährend eine gegenpolige Kraft wirkt.

Verursacher erkennen und auflösen

Wahre Heilung geschieht erst dann, wenn der Verursacher erkannt und neutralisiert oder aufgelöst wird – und Verursacher gibt es viele. Die krank machenden Faktoren zu erkennen oder wahrzunehmen, ist alles andere als leicht. Jeder Mensch lebt in einem Strahlenfeld verschiedenartiger Einflüsse und reagiert auf diese individuell und einzigartig. Ein großer Teil aller Krankheitsverursacher liegt außerdem im Unsichtbaren oder außerhalb unseres Wissens und unserer Wahrnehmung.

Vertrauen wir daher auf die Notabwendung, Anpassung und Selbstregulation, die dem Leben innewohnt. Heilung ist und bleibt ein ganz persönlicher Prozess, den wir nicht für einen anderen erledigen können. Ob wir Informationen, Heilmittel, Energieübertragung oder sonstige Behandlungen anbieten – annehmen und nutzen kann sie nur der Kranke selbst.

Krankheiten bioenergetisch behandeln

In diesem Buch wird auf viele unterschiedliche Krankheiten eingegangen und auf die Möglichkeit, die Heilenergie dorthin zu übertragen, wo Fehlfunktionen vorhanden sind. Bioenergetisches oder geistiges Heilen kann mittels sehr differenzierter Methoden geschehen, wobei nicht die Methode heilt, sondern die Kraft, die fließt.

Diese heilende, regulierende Kraft ist die Liebe. In sehr verschiedenen Bereichen wirkend, immer gebend, nie fordernd und nehmend, kann sie dort eindringen und ausgleichen, wo Fehlfunktionen bestehen. Je mehr Liebe beim Gebenden vorhanden ist, umso stärker ist die Heilwirkung, die von ihm ausgeht. Je mehr Liebe beim Empfangenden da ist, umso durchgreifender kann Heilung geschehen.

Heilen bedeutet Anteil zu nehmen und mitzuteilen, wobei »Anteil nehmen« darin bestehen sollte, den Verursacher der Erkrankung aufzudecken, und das »Mitteilen« eine gezielte Information darstellt, verpackt in liebevolle Zuwendung.

Wann bioenergetisches Heilen wenig Wirkung zeigt

Bioenergetisches, geistiges Heilen ist eine hervorragende Methode, Kranken zu helfen, außerdem kann es begleitend und unterstützend zu jeder anderen Therapie eingesetzt werden. Trotzdem werden Sie auf Fälle stoßen, in denen das bioenergetische Heilen wenig Wirkung zeigt. Gründe dafür gibt es viele.

Dazu einige Beispiele:

Physischer Bereich	Seelischer Bereich
Vitaminmangel	lebensverneinende Glaubenssätze
Einseitige Ernährung	
Folgen von Unfällen und Operationen	Unverarbeitete Erlebnisse Urängste, Phobien
Umweltgifte	starke Abhängigkeit von anderen Menschen
Quecksilberhaltige Amalgamplomben, tote Zähne	Erbkrankheiten

Erdstrahlen, Elektrosmog

Medikamentenmissbrauch

An diesen Beispielen erkennen Sie: Es gibt Grenzen. Deshalb erscheint es mir sehr wichtig, Therapeuten aus anderen Heilberufen zu kennen, um dem Heilungssuchenden gegebenenfalls alternative Therapien empfehlen zu können. Denn wenn Sie kein Physiotherapeut sind, was wollen Sie beispielsweise tun, wenn ein Nerv eingeklemmt ist, der nur mechanisch – mit Chiropraktik – gelöst werden kann? Oder es stellt sich heraus, dass die Quecksilber-Amalgam-Plomben (also eine Schwermetallbelastung*) Krankheitsverursacher sind. Da kann nur der Zahnarzt helfen. In diesem Fall ist es jedoch wichtig, dass die im Körper abgelagerten Schwermetalle zusätzlich ausgeleitet* werden.

Ein weiteres Beispiel: Sollte sich herausstellen, dass die Erkrankung auf eine Belastung durch Erdstrahlen, eine Wasserader oder Elektrosmog zurückzuführen ist, so benötigen Sie einen Wünschelrutengänger oder Baubiologen, der vor Ort die Situation klärt.

Ähnlich verhält es sich im psychisch-geistigen Bereich: Viele der krank machenden Faktoren können nicht einfach »weggeheilt« werden, sondern hier hilft oft nur ein Fachtherapeut (beispielsweise ein Arzt, Psychologe, Kinesiologe oder ein nach Hellinger[1] arbeitender Familientherapeut), sofern Sie selbst keine derartige Ausbildung haben.

Wann Heiler erfolgreich sind

Nach meiner Erfahrung sind jene Heiler am erfolgreichsten, die ihre eigenen Grenzen und Möglichkeiten kennen und mit Ärzten, Psychologen und anderen Fachleuten zusammenarbeiten. Unerlässlich ist es auch, sich ständig weiterzubilden und in Arbeitsgruppen Erfahrungen auszutauschen. In unseren Arbeitsgruppen und im Ausbildungszentrum *Schule der Geistheilung® nach Horst Krohne* hat sich dieser gemeinsame Weg als äußerst wirksam erwiesen. Besonders das Aufspüren der Verursacher will gelernt sein. Dabei sind das Wissen und Können anderer eine unerlässliche Hilfe. Natürlich kann geeignete Literatur ebenfalls weiterhelfen, die auch in der Schule der Geistheilung genutzt wird.[2+3]

Anmerkung: Zu allen mit hochgestellten Ziffern gekennzeichneten Begriffen finden Sie Literatur auf S. 141.

Heilverfahren

Was ist Heilung?

Heilung ist immer und grundsätzlich eine Selbstheilung oder Selbstregeneration des Empfangenden. Als Heiler haben wir nur die Möglichkeit, Heilungsenergie anzubieten. Annehmen und nutzen kann sie nur der Heilungssuchende selbst.

Je besser wir uns als Heiler bewusst durch Erkenntnis auf den Kranken einstellen und/oder unbewusst, indem wir uns in ihn einfühlen oder Anteil nehmen, desto präziser können wir uns im obigen Sinne mitteilen.

So entstehen Störungen im Körper

Beim energetischen oder geistigen Heilen haben wir es nur mit zwei Krankheitsformen zu tun:
      der Überfunktion und
      der Unterfunktion.

Alle in diesem Buch aufgeführten Symptome beziehungsweise Krankheiten können bipolar gedeutet werden. Zum Beispiel: Immunschwäche oder Allergie, Leberentzündung oder Leberzirrhose, Arthritis oder Arthrose, zu viel oder zu wenig Magensäure, Untertemperatur oder Fieber, hoher oder niedriger Blutdruck usw. Somit ist jede Heilinformation entweder
      ein Geben bei Schwäche (Unterfunktion) oder
      ein Nehmen bei Überfunktion.

Immer ist ein energetischer Heilvorgang ein Nivellieren, ein Ausbalancieren, ein Harmonisieren. Am Anfang mag dies ein wenig schwierig erscheinen, aber durch ständiges Einfühlen beim Behandeln wachsen mit der Zeit Ihre Fähigkeiten. Haben Sie Vertrauen, denn energetische Gesetzmäßigkeiten helfen Ihnen bei Ihrer Arbeit. Alle Energie fließt vom höheren zum niederen Potenzial. Fehlt beim Kranken Energie, fließt sie von Ihnen zu ihm, sind Überfunktionen vorhanden, erfolgt der Energiefluss umgekehrt.

Auf welcher Ebene behandelt werden soll

Etwas schwieriger ist es anfangs zu wissen, auf welcher Energieebene der Heilungsablauf erfolgen soll. Das Leben (unser Bewusstsein) ist eine Trinität, bestehend aus

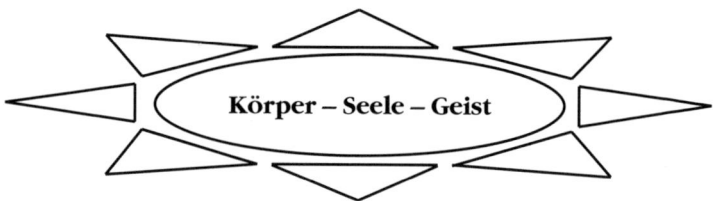

Jeder Teil ist autark und besitzt sein eigenes Energiesystem – und doch bedingen sie sich gegenseitig und sind dabei jeweils bipolar.

Alle drei Systeme befinden sich dabei in ständiger Wechselwirkung mit sich selbst sowie miteinander – ein immerwährender Ausgleich. Jeder Pol nährt, erschafft und bedingt den anderen. Und genau diese Tatsache macht es uns beim Behandeln leichter, den richtigen Einstieg zu finden, denn es besteht die Möglichkeit, einen Bereich über den anderen zu erreichen.

Der **Körper** drückt sich hauptsächlich über das bioelektrische/bipolare Nervensystem (Sympathikus und Parasympathikus) aus und ist mit dem »Denkbewusstsein« verbunden.

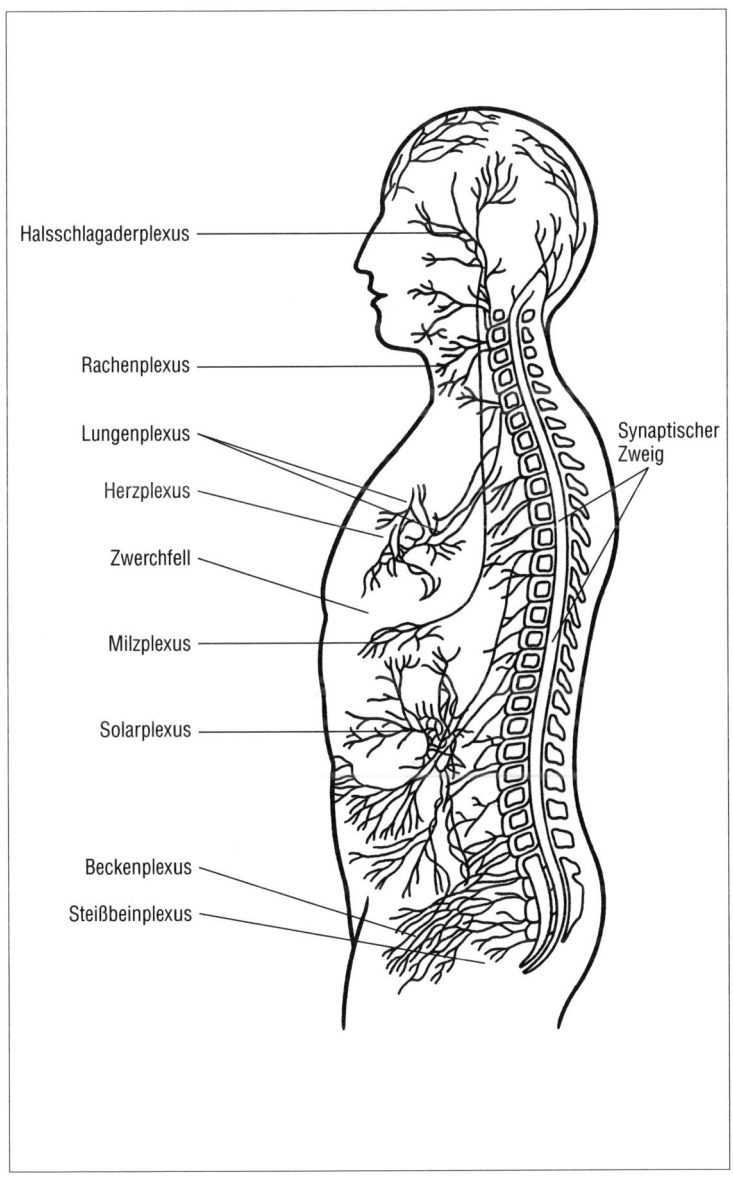

Die Seele oder Psyche drückt sich hauptsächlich über das Meridiansystem aus, wobei jeder Meridian polar ist: Die biomagnetischen Informationsbahnen bestehen aus Plus (Hinausfließen) und Minus (Hereinfließen). Die Psyche ist mit den Emotionen verbunden (unbewusst).

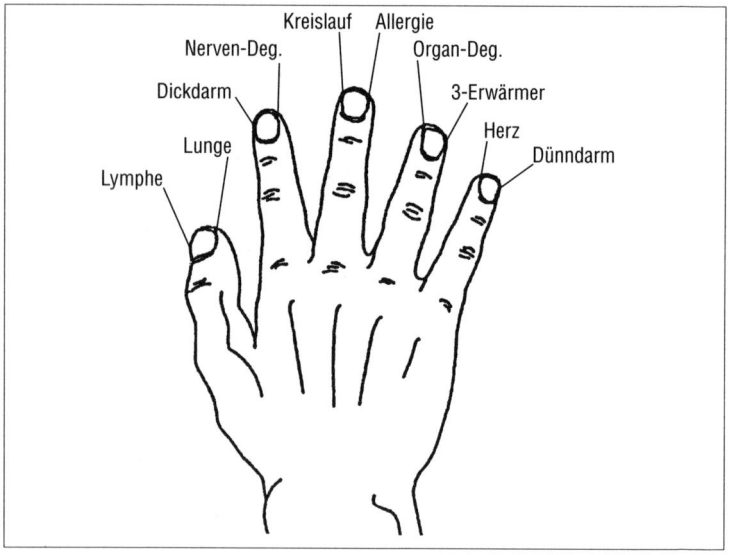

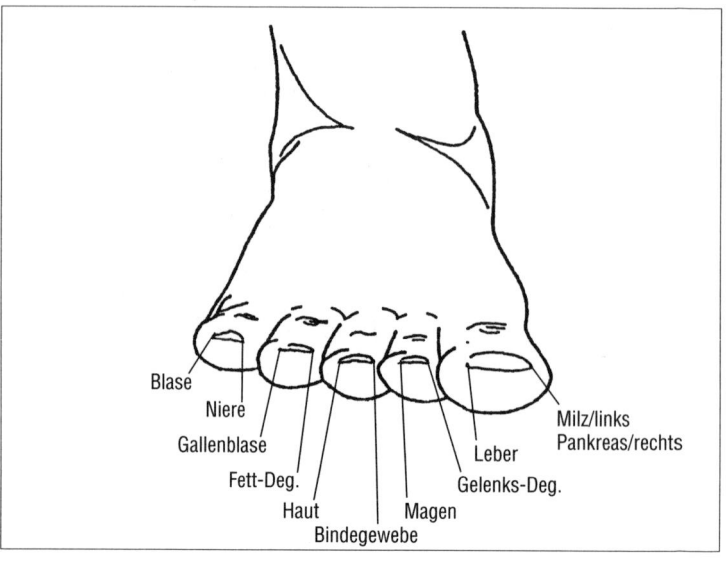

Die geistige Ebene drückt sich in den wechselseitigen Prozessen der Chakren und der Kundalini* aus und ist mit Intuition und Inspiration verbunden (überbewusst).

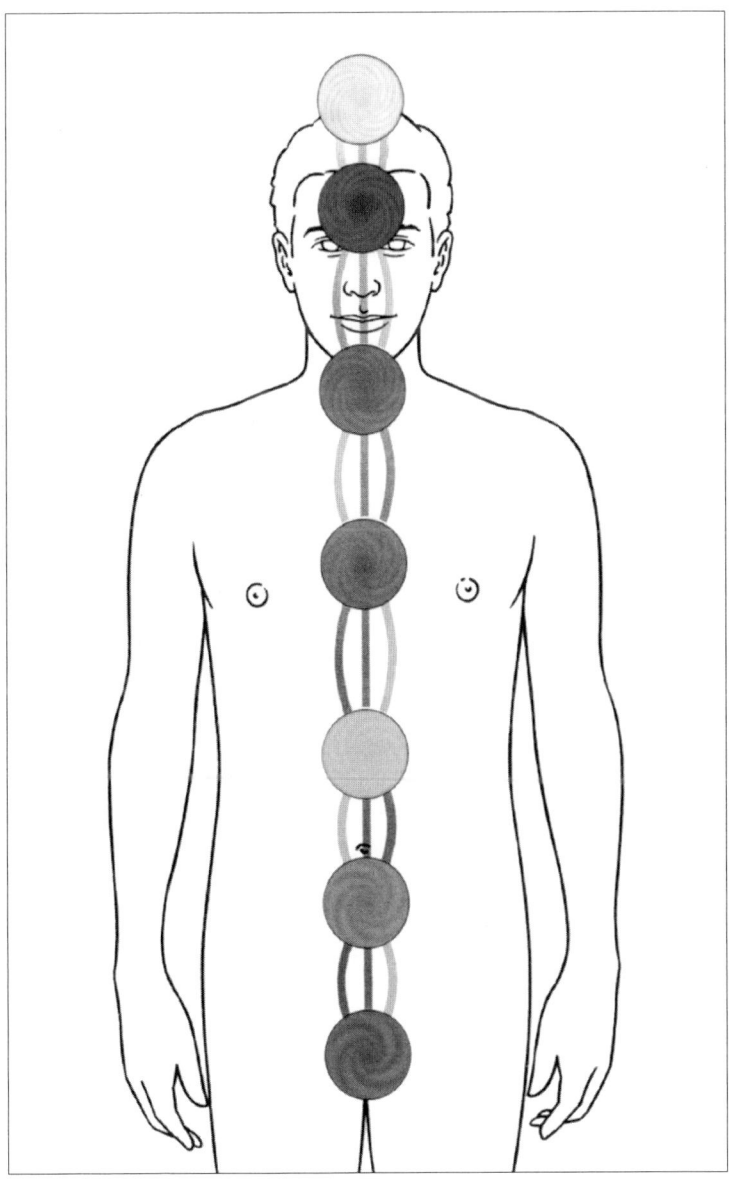

Behandlungsarten

Je nachdem, welche gesundheitliche Störung vorliegt, sollten wir drei unterschiedliche Behandlungsarten nutzen:

1. **Körperliche Erkrankungen: Handauflegen**
Haben wir es mit einer körperlichen Erkrankung zu tun (wobei es immer eine Wechselwirkung zum Seelisch/Geistigen gibt), zum Beispiel mit Wunden, Muskelkater oder Verspannungen, hat sich das Handauflegen auf die erkrankte Körperregion als vorteilhaft erwiesen.

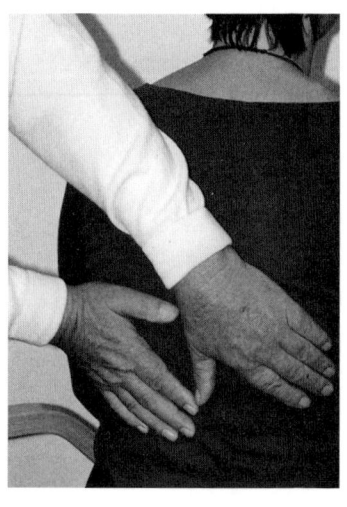

Abbildung 1: Das Handauflegen (hier: auf die Nieren)

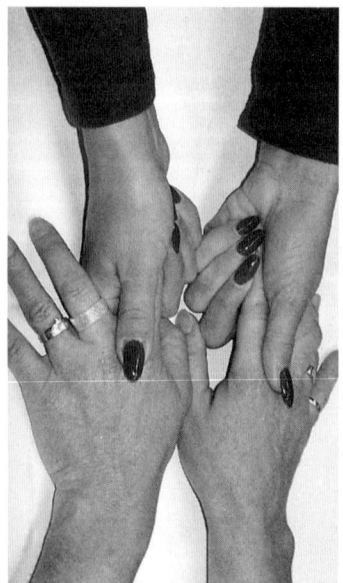

2. **Organfunktionsstörungen: Organbehandlung und Meridian-Ausgleich**
Bei Organfunktionsstörungen ist ein Ausgleich über die zuständigen Meridiane sehr wirksam. In vielen Fällen ist der Erfolg über eine Kombination zwischen der direkten Behandlung des Organs sowie des Meridians zu erreichen.

Abbildung 2:
Meridian-Behandlung des Nerven-Meridians

3. Hormonelle Probleme, Drüsenerkrankungen, Immunsystem: Chakrenbehandlung

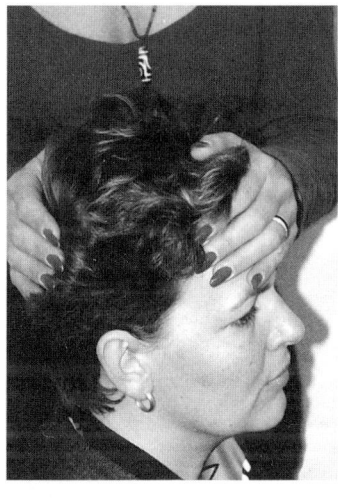

Bei Problemen im Hormonellen, bei Drüsenerkrankungen, bei Störungen des Immunsystems, der Zellregeneration, im Psychischen oder Psychosomatischen, ist die Chakrenbehandlung am wirkungsvollsten. Ein anschließender Ausgleich über alle drei Ebenen ist nie falsch.

Abbildung 3: Chakren-Behandlung
(hier: Stirn-Chakra)

Wovon hängt der Heilerfolg ab?

Wenn Sie mit Handauflegen arbeiten oder über die Aura Meridiane und Chakren beeinflussen, werden Sie die Erfahrung machen, dass die Wirkung sehr unterschiedlich sein kann. Das Übertragen von Heilenergie hängt von vielen Faktoren ab:

- von der eigenen, liebevollen Einstellung zu helfen,
- von den gesammelten Erfahrungen beim Heilen,
- von der eigenen, energetischen Kraft,
- von erlernten und erprobten Methoden, welche die Übertragungen verstärken. Gemeint ist vor allem das Zusammenwirken mit energetischen Kräften wie Engeln, geistigen Führern oder Ärzten aus dem Jenseits. Kurz: Medialität. Und Medialität kann erworben werden.

Egal wie Ihre Einstellung und Ausdruckskraft beim Heilen sein mögen: Durch gezielte, liebevolle, suggestive Worte, wie Sie sie im Anhang finden, können Sie alle Ihre Fähigkeiten verstärken.

Symptome von A – Z

Abwehrschwäche

Wahrscheinlicher Grund
- Eine Störung im 4. Chakra (Thymusdrüse) sowie eine Kommunikationsstörung* zwischen 3. und 4. Chakra.
- Eventuell spielen auch Allergien eine Rolle, wobei das 4. Chakra und die Allergie-Meridiane betroffen sein können.
- Ein Mangel an Vitaminen und Spurenelementen sollte überprüft werden, ebenso zwischenmenschliche Probleme, eine Belastung des Bettplatzes sowie die Wirbelsäule im Bereich von Th8 und Th9.

Behandlung
- 4. Chakra (inklusive Thymusdrüse) aufbauen. Die Zusammenarbeit zwischen 3. und 4. Chakra herstellen.
- Falls nötig, den Allergie-Meridian behandeln.

Begleittherapien
- Spurenelemente- und Vitaminmangel (vor allem Vitamin D) austesten. Mit Zink und Natriumchlorid die Abwehrkräfte stärken.
- Eine generelle Ernährungsumstellung kann angezeigt sein, eventuell auch eine Gesprächstherapie.

AIDS (Immunschwäche)

Wahrscheinlicher Grund
- Pilze im Organismus.
- Eine schwere Störung im Bereich der Chakren 2, 3, 4 und 5.

Siehe dazu auch »Abwehrschwäche« und »Pilzerkrankungen«.

Behandlung
1) 3. Chakra stärken.
2) 4. Chakra stärken.
3) 3. und 4. Chakra mit den anderen Chakren verbinden und ausbalancieren.

Begleittherapien
- Es ist eine Lebensberatung, Gesprächs-, eventuell auch Reinkarnationstherapie zu empfehlen.
- Allopathische Mittel gegen die Pilze einsetzen.

Aktivität

Überaktivität

Wahrscheinlicher Grund
- Eine Störung im 5. und/oder 6. Chakra sowie eine Kommunikationsstörung* zwischen 2. und 5. oder zwischen 3. und 6. Chakra.
- Eine Störung des Nerven-Meridians.
- Falsche Ernährung kann eine weitere Ursache sein, ebenso Nahrungsmittelunverträglichkeiten.

Behandlung
- Die Chakren ausgleichen wie oben angegeben.
- Den Nerven-Meridian stärken.

Begleittherapien
- Den Schlafplatz sanieren.
- Die Ernährung umstellen; dabei auch auf ausreichende und angemessene Vitaminzufuhr achten.
- Falls nötig, Familienprobleme klären, eventuell durch Familienaufstellung nach Bert Hellinger[1].

Inaktivität

Wahrscheinlicher Grund
- Eine Störung im Trafo* sowie eine Schwäche im 5. oder 6. Chakra.
- Nerven- sowie Kreislauf-Meridian können eine Störung aufweisen.
- Mangelerscheinungen im Mineralhaushalt (Elektrolyte) beziehungsweise Durchblutungsstörungen im Kopfbereich.
- Auch bedrückende zwischenmenschliche Verhältnisse können die Ursache sein.

- Eine Vergleichsmessung zwischen 4. Chakra, Kreislauf-Meridian und Kopfregion kann weiteren Aufschluss bieten.

Behandlung
- Der Trafo* sollte aufgebaut, Chakren und Meridiane ausbalanciert werden.

Begleittherapien
- Vitamine und Spurenelemente zuführen, dabei besonders auf einen Vitamin-B1- sowie Metheonin-Mangel achten.
- Außerdem sollten der Schlafplatz saniert und Beziehungsprobleme gelöst werden – eventuell durch eine Gesprächs- oder Familientherapie nach Hellinger[1].

Allergien
Körperliche Allergie

Wahrscheinlicher Grund
- Störungen im 4. Chakra (Thymusdrüse) sowie eine Kommunikationsstörung* zwischen 4., 5. und 6., eventuell auch 7. Chakra.
- Eine Kommunikationsstörung* zum Allergie-, Nerven- sowie Dick- und Dünndarm-Meridian. Weitere Organe und zugehörige Meridiane können ebenfalls betroffen sein.
- Unverträglichkeiten sollten mittels der Allergie-Testtabelle (siehe Anhang) ermittelt werden.
- Fehlstellungen der Wirbelsäule (Th8 und Th9) können ebenfalls die Ursache sein.

Behandlung
- Chakren und Meridiane ausbalancieren.
- Auf Berufskrankheiten, Strahlenbelastung, Elektrosmog und familiäre Probleme besonders achten.

Begleittherapien
- Eine Ernährungsumstellung kann angezeigt sein, dabei ist besonders auf den Ausgleich eines Mangan-Mangels, Jod-

oder Chromüberschusses zu achten.
- Bei familiären Problemen kann eine Familientherapie nach Hellinger[1] hilfreich sein.
- Falls nötig, den Bettplatz entstören.
- Bei Fehlstellungen der Wirbelsäule kann ein Chiropraktiker helfen.

Seelische Allergie
Wahrscheinlicher Grund
- Eine Störung im 4. Chakra (Thymusdrüse) und eine Kommunikationsstörung* zwischen dem 5. Chakra vorne und hinten sowie eventuell auch dem 4. Chakra.
- Manchmal ist der Auslöser auch eine Störung zwischen 4., 6. und 7. Chakra.
- Eine seelische Allergie kann auch in eine stoffliche Allergie übergehen, dann müssen die unter »Körperliche Allergie« angegebenen Meridiane mit beachtet werden.

Siehe dazu auch »Allergie-Checkliste« im Anhang.

Behandlung
- Falls nötig, Chakren und Meridiane ausbalancieren.
- Besonders auf ein Geburts- oder Kindheitstrauma oder auch familiäre Verstrickungen achten.

Begleittherapien
- Falls angebracht, ist eine Familienaufstellung nach Bert Hellinger[1] oder eine Gesprächstherapie angeraten.

Alzheimer
Wahrscheinlicher Grund
- Störungen im 6. Chakra zwischen vorne und hinten. Das 6. Chakra kann auch von den anderen Chakren abgeschnitten sein. Vielleicht ist auch der Trafo* ausgefallen.
- Eine Schwäche des Kreislauf- und Nerven-Meridians. Es sollte überprüft werden, ob das 6. Chakra mit dem Kreislauf- und Nerven-Meridian zusammenarbeitet.

– In vielen Fällen liegt eine Amalgam- beziehungsweise Schwermetallvergiftung* des Organismus vor. Daher sollten verschiedene Ausleitungsmethoden getestet werden.

Behandlung
– Das 6. Chakra aufbauen und die Verbindungen zu den anderen Chakren wiederherstellen. Dabei muss die Behandlung über einen längeren Zeitraum hinweg im Abstand von etwa drei bis vier Tagen wiederholt werden.

Begleittherapien
– Über ein Medium mit der Seele des Kranken Kontakt aufnehmen.
– Zusätzlich über ein Medium mit der Psycho-Kinesiologie nach Dr. Klinghardt[4] und Dr. Sonnenschmidt[5] behandeln.
– Auch Entgiften und Ausleiten kann helfen.

Angst, Phobien

Wahrscheinlicher Grund
– Störung in der Linksrotation des 2. Chakras, nur vorne oder vorne und hinten. Störungen im 5. Chakra sowie Kommunikationsstörungen* zwischen 6. und 2., 6. und 5. und/oder 5. und 2. Chakra.
– Narben können das Störfeld aufbauen und sollten daher untersucht werden.
– Kranke und vor allem tote Zähne sowie eine Belastung durch Amalgam oder Schwermetalle* können weitere Auslöser sein.
– Folgende Meridiane können mit betroffen sein: Nerven-, Kreislauf-, Organdegeneration-Meridian sowie Dreifacher Erwärmer.

Behandlung
– Ausbalancieren der Chakren und Meridiane. Da meist auch eine Stoffwechselstörung vorliegt, kann das Austesten von Nahrungsmitteln nötig sein.

Begleittherapien
- Reinkarnations- und/oder Psychotherapie zur Behebung von Geburts- oder Kindheitstraumata.
- Wassertherapie* zur Reinigung der Körperflüssigkeiten.
- Vitamin-C-Mangel kann Angst vor dem Verlassenwerden auslösen, Angstträume können durch Kieselsäure-Mangel ausgelöst werden.
- Falls kranke oder tote Zähne vorhanden sind oder eine Amalgam-Belastung vorliegt, ist eine Zahnsanierung beziehungsweise Entgiftung und Ausleitung angeraten.

Apathie

Wahrscheinlicher Grund
- Zusammenbruch der Kundalini-Energie*.
- Es können sehr unterschiedliche Kommunikationsstörungen zwischen den Chakren vorkommen.
- Auch eine Schwermetallvergiftung* kann die Ursache sein.

Behandlung
- Das gesamte Energie-System muss aufgebaut werden, wobei viele Behandlungen nötig sind.
- Strahlenbelastung und Elektrosmog am Arbeits-, Wohn- oder Schlafplatz testen.
- Vitaminmangel überprüfen, falls nötig, Schwermetalle* ausleiten.
- Auf familiäre Verstrickungen hin abklopfen.

Begleittherapien
- Nach Bedarf kommen Psycho-, Gesprächstherapie, Familienaufstellung nach Hellinger[1] in Frage.
- Falls nötig, den Bettplatz sanieren, Quellen von Elektrosmog und anderer Strahlenbelastung beseitigen, Gifte ausleiten.
- Bei einem vorliegenden Mangel sollten entsprechende Vitamine zugeführt werden.

Siehe auch »Inaktivität«.

Armprobleme

Wahrscheinlicher Grund
- Ganz allgemein hängen Probleme, welche die Arme betreffen, mit einer Störung im Bereich des 5. Chakras beziehungsweise mit einer Kommunikationsstörung* zwischen 5. und 4. Chakra zusammen. Auch können Verkrampfungen sowie eine Wirbelverschiebung auslösende Faktoren sein.
- Bei Schmerzen im linken Oberarm kann das Herz die Ursache sein.
- Bei Problemen mit den Armgelenken liegt häufig ein Vitamin-E-Mangel vor.
- Bei allgemeineren Problemen in den Armen können die Versorgung mit Vitamin B3 (Niacin) sowie auch Lunge und Dickdarm gestört sein.
- An der Wirbelsäule können Probleme bei C6 und C7 sowie Th1 eine Rolle spielen.

Behandlung
- Die Energiesysteme müssen ausbalanciert werden.
- Wenn Ablagerungen vorhanden sind, sollte mit Geisteschirurgie* gearbeitet werden.

Begleittherapien
- Angeraten sind Massagen, chiropraktische Behandlung sowie Kneipp-Anwendungen für die Arme.
- Auch eine Ernährungsumstellung kann angeraten sein, außerdem ist die ausreichende Versorgung mit Vitaminen zu beachten.
- Weiterhin kann eine Wassertherapie* angezeigt sein.
- Falls nötig, sollten zwischenmenschliche Probleme gelöst werden (siehe dazu auch Literaturangaben im Anhang[6]).

Arterienerkrankungen
Allgemein

Wahrscheinlicher Grund
- Eine Störung des 4. Chakras vorne und hinten, wobei die

Krankheit meist hinten im Chakra anfängt. Außerdem eine Störung zwischen der Zellregeneration und den Heilungskräften im 4. Chakra sowie eine Kommunikationsstörung* zwischen 1. und 4. Chakra.
– Eine Stoffwechselstörung kann ebenfalls vorliegen und sollte überprüft werden.

Behandlung
– Die Chakren müssen ausgeglichen werden.
– Außerdem ist es hilfreich, mit einem Geistführer* zu arbeiten.

Begleittherapien
– Bei einer Stoffwechselstörung ist eine Ernährungsumstellung beziehungsweise die Zufuhr von Mineralstoffen und Spurenelementen angeraten.

Arteriosklerose
Wahrscheinlicher Grund
– Eine Störung des 4. Chakras vorne und hinten, wobei die Krankheit meist hinten im Chakra anfängt. Außerdem besteht in der Regel eine Störung zwischen der Zellregeneration und den Heilungskräften im 4. Chakra sowie eine Kommunikationsstörung* zwischen 1. und 4. Chakra.
– Eine Stoffwechselstörung kann ebenfalls vorliegen und sollte überprüft werden.
– Zusätzlich kann eine Kommunikationsstörung* zwischen 1., 5. und 4. Chakra Auslöser dieser Erkrankung sein.
– Ein weiterer Grund ist häufig eine Störung des Calcium-Haushalts.

Behandlung
– Die Chakren müssen ausgeglichen werden.
– Außerdem ist es hilfreich, mit einem Geistführer* zu arbeiten.

Begleittherapien
– Bei einer Stoffwechselstörung ist eine Ernährungsumstellung

beziehungsweise die Zufuhr von Mineralstoffen und Spurenelementen angeraten.
- Zusätzlich ist eine Wassertherapie* sinnvoll.

Atemwegserkrankungen
Asthma

Wahrscheinlicher Grund
- Eine Störung zwischen 5. und 1. Chakra, manchmal auch zwischen 5., 3. und 4. Chakra.
- Mitschwingende Meridiane sind: Lymphe, Lunge und Organdegeneration, zuweilen auch der Allergie-Meridian.
- Überprüft werden sollten die Wirbelsäule (Th1 und Th3) sowie Nieren und Leber.
- Eine Entstehung durch Kindheits- und Familienprobleme ist außerdem möglich.

Behandlung
- Chakren und Meridiane müssen ausgeglichen werden.
- Es sollte auf Umweltprobleme und eventuelle Störzonen in der Nähe des Schlafplatzes geachtet werden.
- Liegt eine Schwäche der Nieren beziehungsweise der Leber vor, sollten diese Organe direkt ausgeglichen werden.

Begleittherapien
- Zu empfehlen ist eine Familienaufstellung nach Bert Hellinger[1] oder eine Gesprächstherapie.
- Ein eventueller Vitamin- beziehungsweise Mineralstoffmangel sollte ausgetestet und entsprechend ausgeglichen werden. Dabei ist besonders auf Lysin, Cystein, Calcium und Vitamin D zu achten.
- Bei Bedarf sollte der Schlafplatz entstört werden.

Bronchitis

Wahrscheinlicher Grund
- Störungen zwischen 5. und 1. Chakra, manchmal auch zwischen 5., 3. und 4. Chakra.
- Mitschwingende Meridiane sind: Lymphe, Lunge und Organ-

degeneration, in manchen Fällen auch der Allergie-Meridian.
– Die Wirbelsäule (Th3) sollte ausgemessen, Nieren und Leber ausgetestet werden; sie können ebenfalls auslösende Faktoren sein.

Behandlung
– Chakren und Meridiane müssen ausgeglichen werden.
– Es sollte auf Umweltprobleme und eventuelle Störzonen in der Nähe des Schlafplatzes geachtet werden.
– Liegt eine Schwäche der Nieren beziehungsweise der Leber vor, sollten diese Organe direkt ausgeglichen werden.

Begleittherapien
– Eine Familienaufstellung nach Bert Hellinger[1] kann hilfreich sein.
– Vitamine und Mineralstoffe sollten ausgetestet werden: vor allem ein eventueller Lysin-Überschuss sowie ein Zink-Mangel, denn dieser trocknet die Bronchien aus.
– Bei Bedarf muss der Bettplatz entstört werden.

Erkältungen

Wahrscheinlicher Grund
– Eine Störung im 4. Chakra (Immunsystem), eine Kommunikationsstörung* zwischen 5. und 6. Chakra, manchmal auch eine Störung des 3. Chakras.
– Ein Mangel an Vitaminen beziehungsweise Spurenelementen kann eine weitere Ursache sein, ebenso zwischenmenschliche Probleme, Stress und Überlastung.

Behandlung
– Das 4. Chakra und die Thymusdrüse stärken; die Zusammenarbeit der gestörten Chakren wiederherstellen.

Begleittherapien
– Ein eventueller Mangel an Vitaminen und Spurenelementen muss ausgeglichen werden, wobei besonders auf Vitamin C und Calcium geachtet werden sollte. Eventuell ist auch eine umfassende Ernährungsumstellung angezeigt.

– Falls nötig, kann eine Gesprächstherapie zu Themen wie der Lebenseinstellung, bei Familien- oder Berufsproblemen helfen.

Siehe auch unter »Abwehrschwäche«.

Erstickungsanfälle

Wahrscheinlicher Grund
– Eine Störung im Bereich des 5. Chakras; eine Energieschwäche der Kundalini*, die von den unteren vier Chakren ausgeht und sich bis zum 5. Chakra fortsetzt.
– Beteiligte Meridiane sind: Lunge, Kreislauf und Nerven.
– Erstickungsanfälle können bei bestimmten Berufskrankheiten auftreten.
– Kommt es vor allem in der Nacht zu Anfällen, weist das auf einen belasteten Schlafplatz hin.

Behandlung
– Das gesamte Energiesystem muss aufgebaut, alle energetischen Kommunikationsstörungen behoben werden.
– Schlaf- und/oder Arbeitsplatz sollten unbedingt untersucht und bei Bedarf entstört werden.

Begleittherapien
– Eine Gesprächstherapie kann helfen, die Beschwerden auf psychischer Ebene anzugehen: »Man lässt mir keine Luft!«
– Außerdem ist es wichtig, auf die Ernährung zu achten; vor allem ein eventueller Eisenmangel beziehungsweise Lysin-Überschuss sollte ausgeglichen werden.

Grippe

Wahrscheinlicher Grund
– Eine Störung im 4. Chakra, speziell von der Thymusdrüse ausgehend, sowie eine Kommunikationsstörung zwischen 3. und 4., eventuell auch zwischen 3. und 5. Chakra.
– Ein Mangel an Vitaminen und Spurenelementen kann ebenfalls eine Rolle spielen.

- Möglicherweise ist eine Schwermetall-Belastung* vorhanden.
- Wirbelverschiebungen von Th3, Th8 und Th9 können ebenfalls Auslöser sein.

Behandlung
- Chakren und Meridiane ausgleichen.
- Das Immunsystem stärken.
- Ansonsten siehe auch »Erkältungen«.

Begleittherapien
- Auf Vitamine und Spurenelemente achten, besonders auf Vitamin C und Calcium.
- Gifte sollten ausgeleitet* werden. Dabei kann eine Wassertherapie* unterstützend wirken.
- Außerdem sollten Schlaf- und Arbeitsplatz bei Bedarf entstört werden.
- Bei Wirbelverschiebungen kann Chiropraktik helfen.

Siehe auch unter »Abwehrschwäche«.

Augenprobleme

Wahrscheinlicher Grund
- Eine Störung zwischen 5. und 6. Chakra; ein Ausfall des Trafos*.
- Beteiligte Meridiane: Kreislauf, Nerven, Lymphe.
- Weiterer Auslöser kann eine Wirbelverschiebung im Halswirbelbereich (C2 und C3) sein.
- Auch kranke Zähne spielen häufig eine Rolle.
- Augenerkrankungen sind *immer* Ganzkörper-Erkrankungen, da das Auge ein Spiegelbild der Seele ist.
- Weitere Auslöser können sein: Elektrosmog, Erdstrahlen, Amalgam-Belastung, Vitamin- und Mineralstoff-Mangel, hier vor allem ein Vitamin-A- oder Kobalt-Mangel oder ein Metheonin-Überschuss.

Behandlung
- Alle Energiesysteme sowie die Wirbelsäule müssen ausgetestet und ausbalanciert werden. Dabei sollte besonders auf

A

eine gute Energieversorgung im Kopfbereich geachtet werden, die unter anderem über den Nerven-, Lymphe- und Kreislauf-Meridian bewirkt werden kann.

Begleittherapien
- Chiropraktik, Halswirbel-Gymnastik nach Feldenkrais[7] sowie Augengymnastik[8] können helfen.
- Eine Bettplatzsanierung kann angezeigt sein.
- Hilfreich ist auch eine Ernährungsumstellung, wobei Vitamine und Spurenelemente zugeführt werden sollten.
- Falls nötig, sollte eine Zahnsanierung durchgeführt werden.

B Bettnässen

Wahrscheinlicher Grund
- Eine Störung zwischen dem 1. und 6. Chakra. Meistens sind beide Chakren deformiert. Auch das 5. Chakra kann eine Störung aufweisen.
- Beteiligte Meridiane: Blase, Nerven.
- Im Wirbelbereich sind häufig L5 sowie Steißbein betroffen.
- Ursache kann auch eine Schwäche der Nebennieren sein.
- Weitere Auslöser sind häufig kranke Zähne oder ein belasteter Bettplatz.
- Auf der psychischen Ebene geht es um die Angst vor dem Vater.

Behandlung
- Die gestörten Chakren und Meridiane müssen reguliert werden, wobei besonders auf die Kommunikation des 6. Chakras vorne und hinten zu achten ist. (Kinder träumen oft, sie gehen zur Toilette.)

Begleittherapien
- Der Bettplatz sollte bei Bedarf saniert, die Wirbelsäule (chiropraktisch) behandelt werden.
- Auch eine Gesprächs- beziehungsweise Psychotherapie kann helfen.

– Vitamine sollten bei Bedarf zugeführt beziehungsweise ausgeglichen, kranke Zähne saniert werden.

Blut
Allgemeine Probleme

Wahrscheinlicher Grund
- Eine Störung im 5. Chakra, besonders hinten (Rückenmark-Störung), im 4. Chakra (Zellregeneration).
- Pilzbefall kann ein weiterer Auslöser sein.
- Freudlosigkeit ist ein häufiger Begleiter von Blutproblemen.

Behandlung
- Die Behandlung von Blutproblemen ist eine Langzeitbehandlung; es sind in jedem Fall mehr als fünf Behandlungen nötig.
- Suggestionen zur »Freude« sollten zusammengestellt und regelmäßig benutzt werden.

Begleittherapien
- Anregung und Hilfe findet man in geeigneten Veröffentlichungen [9+5].
- Eventuell sollten auch Methoden der Schulmedizin herangezogen werden.

Blutarmut/Anämie
Wahrscheinlicher Grund
- Eine Störung zwischen 4. und 7. Chakra.
- Betroffene Meridiane: Organdegeneration und Nerven.
- Auch kranke oder tote Zähne können Auslöser sein, ebenso eine Schwermetall-Vergiftung*, Elektrosmog und eine Strahlenbelastung am Schlaf- oder Arbeitsplatz.
- Eine Stoffwechselstörung oder Wirbelverschiebungen im Bereich des Th5 sollten ebenfalls in Betracht gezogen werden.
- Ein Ungleichgewicht im Vitamin- und Mineralstoff-Haushalt

sollte ausgetestet werden (hier kann zum Beispiel Kobalt eine Rolle spielen).

Behandlung
- Die Energiesysteme müssen ausgeglichen werden.

Begleittherapien
- Eine Bewegungstherapie kann helfen.
- Gifte und Schwermetalle sollten ausgeleitet*, die Zähne bei Bedarf saniert werden.
- Die Ernährung nach Bedarf umstellen, wobei besonders auf den Spurenelemente- und Elektrolyt-Haushalt zu achten ist.
- Bei mangelnder Freude und schwacher Eigenliebe ist eine Psychotherapie angezeigt. Auch geeignete Suggestionen können helfen.
- Falls nötig, sollte der Bettplatz entstört werden.

Blutdruck hoch/niedrig
Wahrscheinlicher Grund
- Eine Verkrampfungsschwingung beziehungsweise Blockade in den Chakren 1, 4, 5 und 6. Meist ist zudem eine Kommunikationsstörung* zwischen dem 1. und den oberen Chakren vorhanden.
- Beteiligte Meridiane: Nerven, Kreislauf, Organdegeneration, Allergie.
- In einigen Fällen ist eine Stoffwechselstörung (eine falsche Zusammensetzung des Blutes) die Ursache.
- Die Ernährung kann eine Rolle spielen; Vitamine und Mineralstoffe sollten ausgetestet werden, zum Beispiel auf das Gleichgewicht von Kalium und Natrium sowie auf Eisen und Tryptophan hin.

Behandlung
- Die Energiesysteme müssen ausgeglichen werden.
- Auf den Herz- und Kreislauf-Meridian sollten Heilzeichen* angewandt werden.

Begleittherapien
- Bewegungstherapie und Wasseranwendungen, zum Beispiel Kneippen oder Wechselbäder sind hilfreich.
- Eine Ernährungsumstellung ist bei einer Stoffwechselstörung angezeigt. Ganz besonders sollte auf ein leicht verdauliches Abendessen geachtet werden.
- Bei Bedarf sollte der Schlafplatz saniert werden.
- Wenn Medikamente eingenommen werden, ist die Zusammenarbeit mit dem Arzt empfehlenswert.

Cholesterinspiegel, zu hoher

Wahrscheinlicher Grund
- Energiemangel im Herzchakra sowie eine Kommunikationsstörung* zwischen 5. und 2. Chakra.
- Beteiligte Meridiane können Kreislauf-, Fettdegenerations- und Organdegenerations-Meridian sein.
- Ein gestörter Säure-Basen-Haushalt* kann ebenfalls eine Ursache sein.

Behandlung
- Die Chakren müssen gestärkt und mit den Meridianen in Einklang gebracht werden.
- Auf einen gut funktionierenden Darm sollte außerdem geachtet werden.

Begleittherapien
- Eine Ernährungsumstellung ist in jedem Fall angezeigt. Dabei sollten vor allem Fett und Süßes stark reduziert beziehungsweise ganz weggelassen werden. Siehe dazu auch »Revolution in der Herztherapie«[9].
- Der Säure-Basen-Haushalt* sollte über Mineralstoffe und Spurenelemente ausgeglichen werden (besonders wichtig: Natrium, Pantothensäure und Vitamin B3).

Diabetes

Wahrscheinlicher Grund
- Eine Blockade im 3. Chakra sowie eine Kommunikationsstörung* zum 5. Chakra. Im 4. Chakra, das mit Zellregeneration und Immunsystem zu tun hat, kann ebenfalls eine Störung vorliegen.
- Betroffene Meridiane: Pankreas, Nerven, Organdegeneration.
- Eine weitere Rolle können eine Schwermetallbelastung* oder Schockerlebnisse in der Vergangenheit spielen, ebenso bestehende Lebensmittel-Unverträglichkeiten.

Behandlung
- Die betroffenen Chakren und Meridiane müssen ausgeglichen und behandelt werden.

Begleittherapien
- Falls nötig, müssen Schwermetalle ausgeleitet* werden.
- Die Ernährung überprüfen und eventuell umstellen.
- Eine geeignete Therapie zur Überwindung von Traumata und Schockerlebnissen ist angezeigt.
- Bei Bedarf sollte der Bettplatz entstört werden.

Drüsen
Allgemein

Wahrscheinlicher Grund
- Eine meistens vom 5. Chakra ausgehende Störung zwischen 6. und 7. Chakra sowie eine Kommunikationsschwäche auf der gesamten Kundalini*.
- Oft sind zusätzlich mehr als fünf Meridiane leicht gestört.
- Bei Drüsenproblemen spielen eine Schwermetallbelastung* sowie eine Belastung des Schlafplatzes eine Rolle.
- Oft ist die Selbstregulierung des Körpers gestört, was sich zum Beispiel in mangelnder Ausscheidung und Selbstreinigung zeigt.

– Aber auch ein unausgewogener Vitamin- und Mineralstoffhaushalt kann ein auslösender Faktor sein, beispielsweise wenn ein Chrom-Überschuss oder Vitamin-D-Mangel vorliegt.

Behandlung
– Die genannten Chakren und alle Ausscheidungs-Meridiane müssen behandelt werden.

Begleittherapien
– Gifte ausleiten, den Bettplatz bei Bedarf sanieren.
– Den Vitamin- und Mineralstoffhaushalt ausgleichen.
– Falsche Glaubenssätze sollten eventuell in einer Gesprächstherapie erforscht und durch geeignete, positive ersetzt werden.
– Außerdem ist die Zusammenarbeit mit einem Endokrinologen zu empfehlen.

Bauchspeicheldrüsen-Entzündung
Wahrscheinlicher Grund
– Eine Kommunikationsstörung* zwischen dem 3. und 4. Chakra sowie den folgenden Meridianen: Bauchspeicheldrüse, Allergie und Nerven, in einigen Fällen auch Lymphe und Kreislauf.
– Es kann eine Fehlstellung der Wirbelsäule vorliegen, besonders bei Th7.
– Ein Zink-Mangel sowie ein Chrom-Überschuss können ebenfalls vorliegen.

Behandlung
– Die vorliegende Energieschwäche in den Chakren und Meridianen muss ausgeglichen werden.

Begleittherapien
– Es empfiehlt sich die Zusammenarbeit mit einem Arzt.
– Beim Aufbau des Selbstwertgefühls kann eine Psychotherapie helfen.

– Bei einem Vitamin- und Mineralstoffungleichgewicht sollte die Ernährung entsprechend umgestellt werden.

Eierstöcke

Wahrscheinlicher Grund
– Eine Störung im 2. Chakra; die Kommunikation zu allen Chakren kann gestört sein.
– Die Wirbelsäule (L3) kann ebenfalls Auslöser sein.
– Beteiligte Meridiane sind: Lymphe und Kreislauf.

Behandlung
– Eine gute Zusammenarbeit aller Chakren mit dem 2. Chakra muss hergestellt werden. Außerdem das 4. Chakra (Zellregeneration) überprüfen und bei Bedarf behandeln.

Begleittherapien
– Bei vorhandenen Problemen mit der eigenen Weiblichkeit oder mit der Sexualität kann eine Gesprächstherapie angeraten sein.
– Vitamin E regt die Eierstock-Tätigkeit an.

Hoden

Wahrscheinlicher Grund
– Meistens eine Störung im 1. Chakra, verbunden mit einer unterbrochenen Kommunikation zum 2. Chakra.
– Beteiligt ist der Kreislauf-Meridian.

Behandlung
– Auf gute Zusammenarbeit des 1. Chakras zu allen anderen ist zu achten – besonders zum 6. Chakra.

Begleittherapien
– Behandlung mit Wärme oder Einreibungen.

Hypophyse/Hypothalamus

Wahrscheinlicher Grund
– Eine Störung des 6. Chakras vorne und hinten sowie eine unterbrochene Kommunikation zum 7. Chakra, zusätzlich eine Störung im Trafo*.

- An der Wirbelsäule kann C1 (Atlas) betroffen sein.
- Beteiligte Meridiane: Herz (nur bei Hypophyse).
- Eventuell besteht eine Schwermetall-Vergiftung* oder Elektrosmog-Belastung.
- Falsche Glaubensätze können ebenfalls Auslöser sein.

Behandlung
- Die Energie im Kopfbereich muss ausgeglichen werden, was langwierig sein kann.

Begleittherapien
- Der Körper sollte entgiftet, Schwermetalle* ausgeleitet, der Bettplatz bei Bedarf saniert werden.
- Cranio-Sacral-Therapie kann helfen.
- Eine Psychotherapie trägt dazu bei, falsche Glaubenssätze aufzulösen. Auch Visualisierungen oder eine Farbtherapie können hilfreich sein.

Lymphdrüsen
Wahrscheinlicher Grund
- Störungen im 5. Chakra, eine Kommunikationsschwäche zum 2. Chakra sowie eine Organdegenerationsstörung im 4. Chakra.
- Beteiligte Meridiane: Lymphe, Dickdarm, Kreislauf, Allergie.
- Auch ein belasteter Bettplatz, tote Zähne, ein gestörter Mineralstoffhaushalt (beispielsweise ein Kieselerde-Mangel) sowie eine Schwermetallbelastung* können auslösende Faktoren sein.
- Lymphdrüsenprobleme haben etwas mit mangelnder Freiheit zu tun. Eine weitere Ursache können daher gegen sich selbst gerichtete Glaubenssätze sein. Etwa: »Ich fühle mich unterdrückt.«

Behandlung
- Alle beteiligten Energiesysteme ausgleichen.

Begleittherapien
- Eine Lebensberatung oder Psychotherapie kann helfen.

- Falls nötig, Schlafplatz und Zähne sanieren, die Ernährung umstellen und Mineralstoffe zuführen – vor allem Kieselerde.
- Gifte sollten ausgeleitet werden; eine Wassertherapie kann unterstützend wirken.

Nebenniere

Wahrscheinlicher Grund
- Eine Störung des 2. und/oder 3. Chakras und der Kommunikation der beiden; außerdem eine Schwäche in der Kundalini*.
- Außerdem kann eine Schwermetallbelastung* sowie eine Störung des Bettplatzes vorliegen.
- Ein Wirbelsäulen-Problem (Th9) kann ebenfalls Auslöser sein.

Behandlung
- Die vorhandenen Energieschwächen im Chakren-Bereich müssen mittels Visualisierungstechnik oder Imaginationsübungen ausgeglichen werden.

Begleittherapien
- Falls eine Schwermetallbelastung* vorliegt, muss der Körper entgiftet, der Bettplatz, bei Bedarf, saniert werden.
- Auf die Ernährung achten und eventuelle Unausgewogenheit im Vitamin- und Mineralstoffhaushalt beheben (dabei vor allem auf Eisen, Natrium, Kalium, Vitamin C achten).
- Auf ausreichende Regeneration in der Nacht achten.

Schilddrüsen-Über-/-Unterfunktion

Wahrscheinlicher Grund
- Es liegt eine Störung im 5. Chakra vor, je nachdem ob Über- oder Unterfunktion entweder in der Rechts- oder Linksdrehung vorne und/oder hinten, bei schwerer Störung in allen Bereichen.
- Meist sind Turbulenzen in den Meridianen vorhanden.
- Bei einem Kropf kommt eine Störung im 4. Chakra dazu.

- Es kann eine Schwermetallbelastung* vorliegen; ebenso spielen Stress, Stoffwechselstörungen und die Wirbelsäule (C7) eine Rolle.
- Das Thema »Erniedrigung« ist häufig ein weiterer Auslöser.

Behandlung
- Mehrere Behandlungen sind nötig, um das 5. Chakra zu stabilisieren. Dabei jeweils den Trafo* mit aufladen.
- Beide Schilddrüsen-Flügel sollten mit einem Pendel oder Tensor gemessen und entsprechend behandelt werden.

Begleittherapien
- Psychische Ursachen sollten aufgedeckt und psychotherapeutisch behandelt werden.
- Bei Bedarf den Bettplatz sanieren, Schwermetalle* ausleiten und eine Stoffwechselstörung beheben – auch mittels geeigneter Ernährung, Vitaminzufuhr etc. Auch eine Wassertherapie* ist hier sinnvoll.
- Visualisierungen oder Farbtherapie können helfen.

Thymusdrüse

Wahrscheinlicher Grund
- Eine Störung im 4. Chakra, oft verbunden mit Störungen zum 5. und 6., gelegentlich auch zum 7. Chakra.
- Beteiligter Meridian: Allergie.
- An der Wirbelsäule kann der Th8 eine Rolle spielen.

Behandlung
- Das 4. Chakra muss gestärkt werden, unter Zuhilfenahme eines glänzenden Orange, kombiniert mit Grün.
- Außerdem sollte das Heilzeichen* »Y« verwendet und der Trafo* aufgeladen werden.

Begleittherapien
- Psychotherapie kann helfen, Ängste und deren Ursache aufzudecken; oft geht es um die Angst, verletzt zu werden.
- Auch Visualisierungen sind hilfreich.

– Bei der Ernährung sollte auf die ausreichende Zufuhr von Vitamin E, Jod, Fluor, Natrium und andere geachtet werden.
– Der Bettplatz ist bei Bedarf zu sanieren.

Zirbeldrüse

Wahrscheinlicher Grund

– Störungen im 6. und 7. Chakra, eine Wirbel-Verschiebung im Bereich des 1. Halswirbels (Atlas) oder ein Ausfall des Trafos*.
– Eine Belastung durch Schwermetalle* sowie des Bettplatzes kann ebenfalls vorliegen.

Behandlung

– Die Energien sollten mit Affirmationen für das 6. und 7. Chakra ausgeglichen, der Trafo* sollte aufgeladen werden.
– Auch geeignete Visualisierungen sind angezeigt.

Begleittherapien

– Gifte sollten ausgeleitet*, der Schlafplatz von Störquellen befreit werden.
– Eine Korrektur des Atlas kann mittels Chiropraktik geschehen.
– Geeignete Suggestionen können ebenfalls helfen.

Ess-Störungen
Allgemein

Wahrscheinlicher Grund

– Die Störungen gehen vom 3. Chakra aus und bewirken meist eine Kommunikationsstörung zwischen 5. und 6. Chakra.
– Beteiligte Meridiane: Meridiane aller großen Bauchorgane.

Behandlung

– Chakren und Meridiane müssen ausgeglichen werden. Am besten geschieht dies mittels dazugehöriger Affirmationen beziehungsweise Organsprache-Therapie*.

Begleittherapien
- Eine Ernährungsumstellung ist angezeigt.
- Außerdem sollte mit Psychotherapie oder Psycho-Kinesiologie nach Klinghardt[4] gearbeitet werden. Geeignete Suggestionen können ebenfalls helfen.
- Bei Bedarf sollte die Vitamin- und Mineralstoffzufuhr ausbalanciert werden.

Bulimie
Wahrscheinlicher Grund
- Wie bei den allgemeinen Ess-Störungen gehen die Probleme vom 3. Chakra aus und bewirken meist eine Kommunikationsstörung* zwischen 5. und 6. Chakra.
- Beteiligte Meridiane: Meridiane aller großen Bauchorgane.
- Zusätzlich kann eine seelische Allergie im 4. Chakra bestehen.

Behandlung
- Durch mehrere Behandlungen sollte die Allergie behoben und die damit verbundenen Energiesysteme ausbalanciert werden.
- Dabei ist es sinnvoll, mit Organsprache* zu arbeiten.

Begleittherapien
- Eine Ernährungsumstellung ist angezeigt.
- Außerdem sollte mit Psychotherapie oder Psycho-Kinesiologie nach Klinghardt[4] gearbeitet werden. Geeignete Suggestionen können ebenfalls helfen.
- Bei Bedarf sollte die Vitamin- und Mineralstoffzufuhr ausbalanciert werden.

Entzündungen
Allgemein
Wahrscheinlicher Grund
- Eine Störung im 4. Chakra und im 2. Chakra, welches mit dem Säure-Basen-Haushalt* in Verbindung steht. In einigen

Fällen ist auch das 3. Chakra beteiligt, welches mit den Mikroorganismen im Körper zu tun hat.
- Es können Stoffwechselstörungen vorliegen und dadurch bedingt Ablagerungen.
- Möglicherweise bestehen auch Überfunktionen in den Energiesystemen.
- Beteiligte Meridiane: Allergie, Magen, Bindegewebe, Nieren.

Behandlung
- Die Energie sollte ausgeglichen, überschüssige Energie abgebaut werden.
- Affirmationen für die betroffenen Chakren und Meridiane sind empfehlenswert.

Begleittherapien
- Falls nötig, sollten Gifte und andere belastende Stoffe ausgeleitet* werden. Eine den Stoffwechsel anregende Therapie ist empfehlenswert.
- Um die Entzündung herauszuziehen, eignen sich Wickel – zum Beispiel ein altes Hausmittel: der Quarkwickel.
- Außerdem sind geeignete Suggestionen hilfreich.

Abszess

Wahrscheinlicher Grund
- Eine Störung zwischen 4. und 2. Chakra, vereinzelt auch des 3. Chakras.
- Beteiligte Meridiane: Lymph-, Fettdegenerations-, Gallen-, manchmal auch Allergie- und Leber-Meridian.

Behandlung
- Chakren überprüfen und auf die Kommunikation zwischen 2. und 4. Chakra achten.
- Oben genannte Meridiane überprüfen und ausgleichen.

Begleittherapien
- Den Körper über homöopathische oder Naturheilmittel entgiften.

- Die Abwehrkräfte über die Ernährung beziehungsweise ausreichende Vitaminzufuhr stärken.

Siehe dazu auch »Abwehrschwäche«.

Ermüdung

Wahrscheinlicher Grund
- Vermutlich sind das 5. und 2. Chakra energetisch in keiner guten Verfassung.
- Ermüdung ist eine Schwäche und kann durch Selbstvergiftung entstehen; die Ursache dafür ist mangelnde Ausscheidung.
- Womöglich besteht eine Schwermetallbelastung durch Amalgam-Plomben oder eine andere Schadstoffbelastung, wie zum Beispiel ein Chrom-Überschuss. Der Bettplatz kann durch Störfelder belastet sein.
- Auch Stress, verursacht durch andere Personen, sowie eine falsche Ernährung können eine Rolle spielen.

Behandlung
- Alle Energiesysteme sollten ausgeglichen, Störfaktoren beseitigt werden.

Begleittherapien
- Gifte beziehungsweise Schwermetalle sollten ausgeleitet*, Zähne, falls nötig, in diesem Zusammenhang saniert werden.
- Falls nötig, müssen der Bettplatz entstört, die Essgewohnheiten umgestellt werden (zum Beispiel, um einen Kieselerde-, Natrium- und Kalium-Mangel auszugleichen).
- Der Stress mit und durch andere Personen kann mittels einer Gesprächstherapie ergründet und behoben werden.
- Auch eine Atemtherapie kommt in Frage, da sie das gesamte System energetisiert und eventuell vorhandene Blockaden auflöst.

F Frauenleiden
Allgemein

Wahrscheinlicher Grund
- Eine Störung des 2. Chakras, oft liegen Kommunikationsstörungen* zum 4. und zum 5. Chakra vor, in einigen Fällen auch zum 1. Chakra.
- Beteiligte Meridiane: Kreislauf, Lymphe, Nerven.
- An der Wirbelsäule kann L3 beteiligt sein.
- Häufig sind falsche Glaubenssätze vorhanden oder Belastungen, die aus den ersten Lebensjahren herrühren (ungelöste Konflikte aus Kindheit oder Jugend).

Behandlung
- Die Chakren-Energie kann mittels Affirmationen ausgeglichen werden.
- Die Meridiane sollten energetisch behandelt werden.

Begleittherapien
- Eine Familienaufstellung nach Bert Hellinger[1] kann bei Problemen helfen, die aus der Kindheit stammen. Ebenso eine Gesprächstherapie, geeignete Suggestionen oder begleitende Bücher von Luise Hay[6].
- Falls nötig, sollte der Bettplatz saniert werden.

Brust, Knoten/Zysten
Wahrscheinlicher Grund
- Störungen im 4. und 5. Chakra beziehungsweise eine Kommunikationsstörung* der beiden Chakren und des Lymph-Meridians.
- Eine Stoffwechselstörung sowie Metallbelastung (zum Beispiel durch Schmuck), Allergien und Familienverstrickungen können ebenfalls Auslöser sein.
- Bei Zysten, die auf eine Kommunikationsstörung mit dem Lymph-Meridian zurückzuführen sind, liegen häufig Geburts- und Kindheitstraumata vor.

Anmerkung: Knoten in der Brust sind bereits in der Aura sichtbar oder mit Rute oder Pendel zu messen, bevor sie ertastet werden können.

Behandlung
- Das 4. und 5. Chakra müssen ausgeglichen werden, ebenso der betroffene Meridian.
- Ein mangelndes Selbstwertgefühl sollte gestärkt werden.

Begleittherapien
- Eine Wassertherapie* ist angezeigt.
- Bei familiären Problemen oder mangelndem Selbstwertgefühl kann eine Psycho- oder Familientherapie nach Hellinger[1] helfen.
- Bei Stoffwechselstörungen auf die Ernährung achten.

Gebärmutter

Wahrscheinlicher Grund
- Eine Störung des 2. Chakras mit Bezug zum 4. Chakra.
- Beteiligte Meridiane: Kreislauf, Lymphe, Nerven, Bindegewebe.
- Auch der L3-Wirbel kann eine Rolle spielen.

Behandlung
- Die Chakren sollten ausgeglichen werden, wobei Chakren-Affirmationen hilfreich sind.

Begleittherapien
- Sitzbäder oder Packungen sind zu empfehlen.
- Auch geeignete Suggestionen können helfen.
- Ansonsten siehe »Frauenleiden – allgemein«.
- Nach einer Geburt ist auf genügend Vitamin C für die Rückbildung der Gebärmutter zu achten.

Menstruationsprobleme

Wahrscheinlicher Grund
- Eine Schwäche in den Chakren 2 und 4 sowie in der Kommunikation der beiden.

- Außerdem besteht oft eine Durchblutungsstörung; bei Schmerzen fehlt der Energieaustausch zwischen den Chakren 1 und 2.
- Beteiligte Meridiane: Kreislauf und Nerven.

Behandlung
- Die Energiesysteme müssen ausgeglichen, die Kommunikation wiederhergestellt werden.
- Außerdem sollte mit den Affirmationen der Chakren gearbeitet werden.
- Eine Störung im Säure-Basen-Haushalt* sollte kontrolliert und behandelt werden.

Begleittherapien
- Den Säuren-Basen-Haushalt* stabilisieren.
- Wärmebehandlungen fördern die Durchblutung.
- Hilfreich ist die ausreichende Zufuhr von Vitamin B12.
- Suggestionen können helfen, ebenso eine Wassertherapie*.

Myome

Wahrscheinlicher Grund
- Eine Störung im 4. Chakra mit einer Kommunikationsstörung* zum 2. Chakra (gestörte Zellregeneration und/oder der körperbildenden Kräfte).
- Beteiligte Meridiane: Kreislauf, Organdegeneration, Lymphe, Nerven.
- Ein weiterer Grund kann ein gestörtes Verhältnis der Mutter zum Kind in der Schwangerschaft oder ein gestörtes Verhältnis zur Sexualität sein.

Behandlung
- Chakren und Meridiane harmonisieren und stabilisieren.

Begleittherapien
- In einer Psychotherapie können ein gestörtes Mutter-Kind-Verhältnis in der Schwangerschaft, Partnerschaftsprobleme und ein gestörtes Verhältnis zur Sexualität gelöst werden.

Unfruchtbarkeit

Wahrscheinlicher Grund
- Eine Schwäche im 2. und 4. Chakra (Störung der Zellregeneration). Auch kann die Kommunikation zwischen den Chakren 2, 4 und 6 gestört sein.
- Beteiligte Meridiane: Kreislauf, Lymphe, Organdegeneration.
- Zudem kann die Durchblutung gestört sein und sollte überprüft werden, ebenso der Säure-Basen-Haushalt*. Die Vitamin- und Mineralstoff-Versorgung kann ebenfalls eine Rolle spielen, hier ist speziell das Kalium von Bedeutung, da es für den Zellaufbau mitverantwortlich ist.
- Auch die Wirbelsäule (L3) kann betroffen sein.

Behandlung
- Die Energiesysteme ausgleichen.
- Bei den Chakren mit Affirmationen arbeiten.

Begleittherapien
- Sofern die Wirbelsäule betroffen ist, hilft Chiropraktik.
- Der Säure-Basen-Haushalt* sollte ausgeglichen, ein eventueller Kalium-Mangel behoben werden. Außerdem auf eine ausreichende Versorgung mit Vitamin B12, Mangan und Vitamin B6 achten.
- Auch Suggestionen können hilfreich sein.

Gallenprobleme
Allgemein

Wahrscheinlicher Grund
- Eine Störung im 3. Chakra.
- Auch die Wirbelsäule (Th4) kann beteiligt sein.
- Beteiligte Meridiane: Galle, Leber, Organdegeneration, Fettdegeneration.
- Häufig liegen Verbitterung, Groll und eingefahrene Glaubenssätze vor.

Behandlung
- Chakren und Gallen-Meridian mit Suggestionen behandeln.
- Eventuell Organsprache-Therapie* und Farbbehandlung mit Orange/Gelb vornehmen.
- Gallenprobleme sind hartnäckig, deshalb wird eine längerfristige Behandlung notwendig sein.

Begleittherapien
- Bei Wirbelsäulen-Problemen kann ein Chiropraktiker helfen.
- Bei Verbitterung oder Groll sind Gesprächstherapie, Lebensberatung oder auch Suggestionen hilfreich.
- Menschen mit Eisenmangel haben eine schwache Gallenbildung, deshalb auf die richtige Versorgung mit Eisen, außerdem mit Pantothensäure achten.

Gallensteine

Wahrscheinlicher Grund
- Eine »verkrampfte« Energieschwingung (diagonale Ellipse) im 3. Chakra mit Kommunikationsstörung* zum 2., manchmal auch zum 5. Chakra.
- Beteiligte Meridiane: Galle, Leber, Organdegeneration, Nerven. Häufig bestehen Stoffwechselprobleme beziehungsweise eine Vergiftung der Leber, oder die Zusammenarbeit der Organe Leber und Galle funktioniert nicht reibungslos.
- Bett- und/oder Arbeitsplatz können durch Erdstrahlung belastet sein.
- Falsche Ernährung ist ein weiterer auslösender Faktor.

Behandlung
- Die Meridiane und Chakren müssen ausgeglichen werden. Besonders beim Leber- und Gallen-Meridian sollte zusätzlich mit Affirmationen gearbeitet werden.
- Auch Visualisierungen und Imagination beziehungsweise Geisteschirurgie* können hilfreich sein.

Begleittherapien
- Durch einen Ausgleich der Spurenelemente kann die Stoff-

wechselstörung behoben werden. Dazu sollten vermehrt Oliven, Hülsenfrüchte und Vitamin B6 zu sich genommen werden.
- Bei Bedarf sollte der Bettplatz entstört werden.
- Außerdem können Suggestionen sowie Farbtherapie helfen.

Gehirn
Durchblutungsstörungen
Wahrscheinlicher Grund
- Störungen der vier oberen Chakren in sich und in der Kommunikation miteinander. Störung auch im Bereich des 1. und 2. Halswirbels.
- Beteiligte Meridiane: Kreislauf und Nerven.
- Häufig ist die Nackenmuskulatur verspannt, was auf einen Mangel an Vitamin B6 zurückzuführen sein kann.
- Auch Elektrosmog kann eine Rolle spielen, der zum Beispiel von Handys, Computer-Arbeit oder einem belasteten Schlafplatz herrührt.
- Die Durchlässigkeit der Halsschlagader (Carotis) und des Trafos* kann beeinträchtigt sein.
- Auch ein Schleudertrauma in Folge eines Unfalls kommt als Ursache in Betracht.

Behandlung
- Die Chakren- und Meridian-Energien müssen ausgeglichen werden.
- Das 4. Chakra sowie der Kreislauf-Meridian sollten mit Affirmationen zusätzlich behandelt werden.

Begleittherapien
- Die Durchlässigkeit der Carotis mit Sonographie prüfen. Sofern der Halswirbelbereich betroffen ist, kann ein Chiropraktiker helfen. Auch Kopf- und Nackenwirbel-Gymnastik, zum Beispiel nach Feldenkrais[7], ist hilfreich.
- Der Elektrolyt-Haushalt sollte ausgeglichen, die Versorgung mit Vitamin B6 sichergestellt werden.
- Bett- und Arbeitsplatz bei Bedarf entstören.

Gehirnlähmung

Wahrscheinlicher Grund
- Zusammenbruch des 6. Chakras und Kommunikationsstörung* zu allen anderen Chakren. Blockade der Kundalini* unterhalb des 6. Chakras.
- Beteiligte Meridiane: Kreislauf, Nerven, Lymphe.
- Außerdem können Durchblutungsstörungen, Lymphstau, eine Schwermetallbelastung*, tote Zähne sowie Verletzungen und Verwachsungen im Halswirbelbereich Mitverursacher sein.
- Es sollte der gesamte Energiefluss im Rückenmark, vom Becken bis zum Kopf, auf Blockaden hin untersucht werden. Dabei ist besonders auf eine Zirkulationsstörung im Liquor (Gehirn-Rückenmark-Flüssigkeit) zu achten.

Behandlung
- Eine Behandlung ist schwierig und langwierig. Es sind mindestens zehn Behandlungen nötig.
- Der Energiefluss in der Kundalini* und in allen anderen Energiesystemen muss stabilisiert werden.
- Visualisierungen und Imaginationsübungen sind fast immer notwendig.

Begleittherapien
- Eine Schwermetall-Entgiftung* sollte durchgeführt, der Liquor angeregt werden.
- Außerdem ist eine Wirbelsäulen-Therapie, eventuell durch einen Chiropraktiker, angezeigt, ebenso eine Blut- und Lymphverdünnung, eventuell auch Wassertherapie*.
- Bejahende Glaubenssätze können hilfreich sein.
- Es wird empfohlen, hier mit einem guten Mediziner zusammenzuarbeiten. Die unbewussten Schichten sollten unbedingt in der Behandlung mit erfasst werden.
- Falls nötig, den Bettplatz enststören.

Schlaganfall

Wahrscheinlicher Grund
- Störungen der Chakren 6, 5, 4 und 2, manchmal auch im 1. Chakra.
- Beteiligte Meridiane: Kreislauf, Nerven, Bindegewebe.
- Häufig ist der Schlafplatz belastet, daher unbedingt austesten (auch das Kopfpolster).
- Auch eine falsche Zusammensetzung des Blutes kann eine Rolle spielen, ebenso Bluthochdruck oder eine Verkrampfung der Adern, die vom Kopf kommen oder sich im Kopfbereich befinden.

Behandlung
- Den Energiefluss zum 6. Chakra am Hinterkopf verstärken; die gelähmten Stellen mit gepolten Händen* behandeln.
- Während der Behandlung lebensbejahende Affirmationen sprechen – besonders beim Kreislauf- und Nerven-Meridian.
- Die Behandlung im Abstand von zwei bis drei Wochen wiederholen. Es sind mindestens zehn Behandlungen nötig.

Begleittherapien
- Physiotherapie kann helfen, bei psychischen Problemen auch eine Gesprächstherapie.
- Autosuggestion mit lebensbejahenden Sätzen sind außerdem hilfreich.
- Bei Bedarf sollte der Schlafplatz saniert werden.

Gehirntumor

Wahrscheinlicher Grund
- Der Zusammenbruch des Immunsystems und der Zellregeneration im 4. Chakra bei gleichzeitiger Störung zum 6. Chakra.
- Ein belasteter Bettplatz, eine Schwermetallbelastung*, tote Zähne und ein gestörter Mineralstoffhaushalt können ebenfalls eine Rolle spielen.

Behandlung
- Das Immunsystem stärken, indem die Verbindung vom 4. zum 6. Chakra wieder aufgebaut wird.
- Außerdem sollten gegen sich selbst gerichtete Glaubenssätze aufgespürt werden, wie: »Keiner liebt mich.«

Begleittherapien
- Lebensberatung, Psychotherapie oder Suggestionen können helfen, wenn falsche Glaubenssätze die Ursache sind.
- Bei Bedarf den Schlafplatz sanieren, tote Zähne behandeln lassen, Gifte ausleiten* und auf die richtige Ernährung achten.
- Mit Geisteschirurgie* arbeiten.

Gedächtnisschwund

Wahrscheinlicher Grund
- Eine Störung im 6. Chakra sowie eine Kommunikationsstörung* zwischen vorne und hinten. Manchmal ist auch das 7. Chakra mit beteiligt.
- Die Versorgung des Kopfbereiches ist mangelhaft – durch einen gestörten Kreislauf, unterbrochene Nervenbahnen oder unzureichend fließende Lymphe.
- Tote Zähne, Amalgamfüllungen oder ein belasteter Schlafplatz können ebenfalls eine Rolle spielen.

Behandlung
- Die Energiesysteme im Kopf mit violettem Licht ausbalancieren.
- Wenn keine Besserung eintritt, mit Organsprache-Therapie* arbeiten. In diesem Fall Stammhirn, Klein- und Großhirn einbeziehen, um die Ursache aufzudecken.

Begleittherapien
- Den Schlafplatz und, falls nötig, auch die Zähne sanieren.
- Um Gifte auszuleiten* können Vitamine wie Tryptophan, Zink und andere Ausleitmittel zum Einsatz kommen.

Gelenke
im Oberkörper

Wahrscheinlicher Grund
- Eine Störung im 5. Chakra sowie eine gestörte Verbindung vom 5. zum 2. und 4. Chakra.
- Beteiligte Meridiane: Bindegewebe, Gelenksdegeneration, Kreislauf, Lymphe.
- Der Säure-Basen-Haushalt* kann gestört sein (Arthrose, Arthritis), auch die Zähne sind häufig beteiligt.
- Die Wirbelsäule weist häufig Verschiebungen im Bereich C7 und Th1 auf. Ablagerungen an und in den Gelenken können vorhanden sein.

Behandlung
- Die Energie über Chakren und Meridiane ausgleichen.
- Affirmationen für den Gelenks-Meridian und auch für die anderen Meridiane sprechen.

Begleittherapien
- Der Säure-Basen-Haushalt* sollte reguliert werden.
- Den Bettplatz, falls nötig, entstören.
- Die Zähne sollten ausgetestet und bei Bedarf saniert werden.
- Wenn die Wirbelsäule betroffen ist, kann Physiotherapie helfen, und auch eine Warm- und Kaltwasser-Behandlung* kann die Beschwerden lindern.
- Der Vitaminhaushalt sollte kontrolliert und bei Bedarf ausgeglichen werden. Dabei vor allem auf Lysin, Magnesium und Vitamin A achten.

im Unterkörper
Wahrscheinlicher Grund
- Die Auslöser gleichen denen bei Gelenkproblemen im Oberkörper, aber mit dem Schwerpunkt im 2. Chakra und an der Wirbelsäule im L5-Bereich (Unterschenkel und Sprunggelenke). Außerdem kann eine Kommunikationsstörung* zum 1. Chakra vorliegen.

Behandlung
- Die Energie über Chakren und Meridiane ausgleichen.
- Affirmationen für den Gelenks-Meridian und auch für die anderen Meridiane sprechen.

Begleittherapien
- Der Säure-Basen-Haushalt* sollte reguliert werden.
- Den Bettplatz, falls nötig, entstören.
- Die Zähne sollten ausgetestet und bei Bedarf saniert werden.
- Wenn die Wirbelsäule betroffen ist, kann Physiotherapie helfen, und auch eine Warm- und Kaltwasser-Behandlung* kann die Beschwerden lindern.
- Der Vitaminhaushalt sollte kontrolliert und bei Bedarf ausgeglichen werden. Dabei vor allem auf Lysin, Magnesium und Vitamin A achten.

Kiefergelenk

Wahrscheinlicher Grund
- Eine Störung zwischen 1. und 5. Chakra beziehungsweise zwischen 5. und 6.
- Beteiligte Meridiane: Gelenksdegeneration, Allergie.
- Meist ist eine Allergie vorhanden.
- An der Wirbelsäule ist häufig der C3 betroffen.
- Zahnprobleme können ebenfalls Auslöser sein.

Behandlung
- Chakren und Meridiane ausgleichen.

Begleittherapien
- Falls nötig, einen Chiropraktiker aufsuchen, um die Halswirbelsäule zu behandeln.
- Ist der Gelenksdegenerations-Meridian beteiligt, sollten Vitamine und Spurenemente ausgetestet und bei Bedarf ausgeglichen werden.
- Außerdem sollte unbedingt genug Wasser getrunken werden[10].
- Bei Bedarf die Zähne sanieren.

Genitalien

Wahrscheinlicher Grund
- Beim Mann: Eine Störung im 1. Chakra sowie eine Kommunikationsstörung* zwischen 2. und 6. Chakra.
- Häufig ist die Wirbelsäule im Bereich Kreuzbein, Steißbein sowie L4 betroffen.
- Bei der Frau: Eine Störung im 2. Chakra (eventuell auf Pilze achten) sowie eine Kommunikationsstörung* zwischen 4. und 6. Chakra.
- Häufig ist die Wirbelsäule im Bereich von L3 und L4 betroffen.
- Beteiligte Meridiane: Kreislauf, Nerven, Allergie, Lymphe.

Behandlung
- Ausgleich der Chakren und Meridiane; zusätzlich mit Affirmationen arbeiten.

Begleittherapien
- Sitzbäder, Einreibungen und Packungen können helfen.
- Bei Immunschwäche sollte untersucht werden, ob Pilzerkrankungen vorliegen. Wenn ja, sind geeignete Maßnahmen zu ergreifen.

Geschwulst/Adenom

Wahrscheinlicher Grund
- Störungen im 4. und 2. Chakra sowie dort, wo die Geschwulst entstanden ist.
- Beteiligte Meridiane: Fettdegeneration, Lymphe, Gelenksdegeneration, Bindegewebe.
- Nach »Entgleisungen« im Stoffwechsel suchen.
- Auch tote Zähne, Vergiftungen und Pilze können eine Rolle spielen.

Behandlung
- Zellregeneration und Immunsystem im 4. Chakra stärken und einen Ausgleich zu den gestörten Meridianen herstellen.

Begleittherapien
- Eine Wärme-Therapie ist angezeigt.
- Falls nötig, sollten Schwermetalle ausgeleitet* beziehungsweise Pilzerkrankungen behandelt werden.
- Auf ausgewogene Vitaminversorgung achten, mit besonderem Augenmerk auf Vitamin B6 und Kieselsäure.

Gleichgewichtsstörungen

Wahrscheinlicher Grund
- Eine Störung des 5. Chakras sowie zwischen 5. und 6. Chakra.
- Weitere kritische Punkte können die Halswirbelsäule, die Durchblutung, der Trafo* sowie alte Verletzungen im Kopfbereich sein (zum Beispiel im Ohr).
- Beteiligte Meridiane: Kreislauf, Nerven, Lymphe.

Behandlung
- Die Energie von beteiligten Meridianen und Chakren ausgleichen.
- Wenn das keinen Erfolg bringt, mit Geisteschirurgie* arbeiten.
- Zusätzlich ist es hilfreich, mit den Farben Blau, Violett und Silber zu visualisieren.

Begleittherapien
- Wärme sowie durchblutungsfördernde Maßnahmen können helfen.
- Auf einen ausgewogenen Vitamin- und Mineralstoffhaushalt ist zu achten.

Gürtelrose

Wahrscheinlicher Grund
- Störungen im 5. Chakra und im Immunsystem (4. Chakra) bei gleichzeitiger Kommunikationsstörung* zum 3. Chakra.

- Manchmal kann auch eine Allergie der Auslöser sein.
- Beteiligte Meridiane: Haut, Nerven, Allergie.

Behandlung
- Chakren und Meridiane ausgleichen.
- Die befallenen Hautareale mit gepolten Händen* behandeln.
- Visualisierungen mit den Farben Silber, Grün, Violett.

Begleittherapien
- Bewährte Naturheilmethoden anwenden.
- Auch Farbtherapie kann helfen.

Hals
Allgemein

Wahrscheinlicher Grund
- Eine Störung im 4. oder 5. Chakra.
- In der Regel ist die Halswirbelsäule betroffen.
- Beteiligte Meridiane: Kreislauf, Lymphe.

Behandlung
- Die Energiesysteme ausgleichen.

Begleittherapien
- Wenn nötig, sollte ein Physiotherapeut aufgesucht werden.
- Der Bettplatz sollte untersucht und bei Bedarf entstört, Lebensgewohnheiten insgesamt untersucht werden (beispielsweise zu kalt schlafen oder trinken, Vitamin-Mangel usw).

Mandel-/Kehlkopfentzündung
Wahrscheinlicher Grund
- Eine Störung im 4. oder 5. Chakra.
- In der Regel ist die Halswirbelsäule betroffen.
- Beteiligte Meridiane: Kreislauf, Lymphe und Haut (Schleimhaut; 2. Chakra).

Behandlung
- Die Energien müssen ausgeglichen, das 2. Chakra, falls betroffen, mit Affirmationen gestärkt werden.

Begleittherapien
- Inhalationen können helfen.
- Ängste sollten mittels Psychotherapie oder Lebensberatung abgebaut werden.
- Auf ausgewogene Ernährung und geeignete Vitaminzufuhr achten, besonders auf Vitamin B6, Mangan, Pantothensäure.
- Eventuell kommt auch Chiropraktik in Frage.
- Bei Bedarf sollte der Bettplatz entstört werden.

Haut
Allgemein

Wahrscheinlicher Grund
- Eine Störung im 2. Chakra. Wenn gleichzeitig eine allergische Reaktion vorhanden ist, auch eine Störung im 4. Chakra. Im Hintergrund kann auch das 5. Chakra betroffen sein; womöglich ist die Kommunikation zwischen 2. und 5. Chakra gestört.
- Beteiligte Meridiane: Haut, Bindegewebe, eventuell auch Allergie.
- Lebensmittelunverträglichkeiten, eine Schwermetallbelastung*, Amalgam-Füllungen oder ein belasteter Bettplatz können ebenfalls eine Rolle spielen.

Behandlung
- Chakren und Meridiane ausgleichen.

Begleittherapien
- Es ist vor allem eine angemessene Ernährung wichtig, besonders im Hinblick auf die Versorgung mit Vitaminen und Mineralstoffen – zum Beispiel Vitamin C, E, Kieselsäure usw.

Hautausschlag

Wahrscheinlicher Grund
- Die Auslöser sind hier die gleichen wie bei »Hautprobleme – Allgemein«.
- Zusätzlich kann eine Nieren- und Leberstörung vorliegen.
- Deshalb können auch der Nieren- sowie der Leber-Meridian betroffen sein.

Behandlung
- Chakren und Meridiane ausgleichen.
- Wenn keine Allergie vorliegt, sollte verstärkt die Psyche beachtet werden, die mitteilen will: »Es ist zum Aus-der-Haut-Fahren!«

Begleittherapien
- Falls psychische Probleme vorhanden sind, sind Psychotherapie oder Psycho-Kinesiologie[4] hilfreich.

Akne

Wahrscheinlicher Grund
- Störungen zwischen den Chakren 2, 4 und 6, in einigen Fällen auch zum 5. Chakra.
- Wenn das 5. Chakra mit beteiligt ist, sind Störungen in mehreren Meridianen zu erwarten: Stoffwechsel, Fettdegeneration und Haut.
- Vermutlich ist eine Hormonumstellung im Spiel, worauf die Chakren 4 und 6 reagieren.

Behandlung
- Die Behandlung ist langwierig, in der Regel sind mindestens fünf Sitzungen nötig.

Begleittherapien
- Bei psychischen Problemen kann eine Gesprächstherapie hilfreich sein.
- Je nachdem wo die Akne auftritt, kann Kupfer-, Zink-,

Jodmangel oder ein Chrom-Überschuss bestehen, der ausgeglichen werden sollte.

Furunkel, Karbunkel

Wahrscheinlicher Grund
- Eine Störung der Chakren 2 und 3, einzeln oder untereinander. Oft ist auch das 4. Chakra schwach.
- Beteiligte Meridiane: Fettdegeneration, (Gallenblase), Kreislauf.
- Außerdem kann ein Problem mit der Gallenblase im Spiel sein.

Behandlung
- Zuerst die Chakren ausgleichen.
- Dann die Hände wie folgt halten:
  - eine Hand auf die erkrankte Stelle,
  - die andere Hand auf den Fettdegenerations-Meridian, dann auf die Thymusdrüse.

Begleittherapie
- Die Ernährung austesten und eventuell umstellen.

Neurodermitis

Wahrscheinlicher Grund
- Eine Störung zwischen dem 2. und dem 5. Chakra. Manchmal sind auch noch andere Chakren betroffen.
- Auch die betroffenen Meridiane variieren stark.
- Fast immer sind seelische Probleme vorhanden.

Behandlung
- Mit entsprechenden Heilsätzen (siehe »Suggestionen« im Anhang) die gestörten Chakren und Meridiane behandeln.

Begleittherapien
- Hier ist eine Gesprächstherapie sinnvoll, bei der auch andere beteiligte Personen mit einbezogen werden sollten.

– Nahrungsmittelunverträglichkeiten sollten ausgetestet und die Ernährung entsprechend umgestellt werden. Besonders sollte dabei auch ein Chrom-Überschuss sowie ein Folsäure-, Vitamin-B12- und Vitamin-C-Mangel berücksichtigt werden.

Schuppenflechte
Wahrscheinlicher Grund
– Auslöser ist ein Ausfall der Zellregeneration im 4. Chakra. Beteiligt sind außerdem die Chakren 2, 5 und 6, in einigen Fällen auch das 3. Chakra.
– Es müssen alle Meridiane kontrolliert werden, weil sehr unterschiedliche Ausfälle vorkommen.

Behandlung
– Alle Energiesysteme müssen ausgeglichen werden.
– Bei den Chakren sollte unbedingt mit Affirmationen gearbeitet werden, da die Krankheit aus dem Seelischen kommt.
– Es sind in der Regel mehr als fünf Behandlungen nötig.

Begleittherapien
– Da die Krankheit aus dem Seelischen kommt, ist eine Reinkarnations-, Gesprächstherapie oder auch eine Familienaufstellung nach Bert Hellinger[1] angezeigt, in der jeweils geprüft werden kann, ob ein Kindheitstrauma vorliegt.

Herz
Allgemein

Wahrscheinlicher Grund
– Herzprobleme gehen grundsätzlich mit einer Störung im 4. Chakra einher. Wenn vom 1. Chakra nur schwache Energie kommt, kann dies das Kernproblem sein, denn das 1. Chakra ist für den Herzmuskel zuständig. Eine Kommunikationsstörung zwischen 3. und 6. Chakra führt zu einer Labilität der Kundalini*.

- Herzprobleme können außerdem durch Wassermangel[10] (Dehydrierung) entstehen.
- Bluthochdruck kann eine Kommunikationsstörung* zwischen 4. und 5. Chakra sein.
- Beteiligte Meridiane: Herz, Kreislauf, Nieren.
- Die Redewendung »auf Herz und Nieren prüfen« kommt nicht von ungefähr: Wenn die Nieren gestaut sind, entsteht Bluthochdruck.
- Ein belasteter Bettplatz oder kranke Zähne können ebenfalls Ursache sein; an der Wirbelsäule sind häufig Th2 und Th3 sowie die obere Halswirbelsäule betroffen.

Behandlung

- Zuerst vom 4. Chakra ausgehend alle anderen beteiligten Chakren behandeln und auf gute Funktion allgemein achten.
- Dann die Meridiane ausgleichen und das Herz direkt stärken: durch Handauflegen eine Handbreit unterhalb des Schlüsselbeins sowie eine Handbreit von der Körpermitte entfernt. Eventuell eine Kombination versuchen: eine Hand auf das Herz, die andere auf den Herz-Meridian.
- Liebes-Affirmationen (siehe Anhang unter »Suggestionen«) sprechen. Es empfiehlt sich die Zusammenarbeit mit einem Kardiologen (Herzspezialisten).

Begleittherapien

- Eine Wassertherapie* kann helfen. Außerdem sollte unbedingt der Bettplatz untersucht und bei Bedarf entstört werden. Zwischenmenschliche Probleme ergründen und eventuell psychotherapeutisch behandeln; mit Organsprache-Therapie* arbeiten.
- Spurenelemente- und Vitamin-Versorgung austesten und ausgleichen, dabei besonders auf einen Mangel an Mangan, Kobalt, Calcium, Selen sowie Chrom-Überschuss achten.
- Bei Bedarf die Zähne sanieren.

Angina pectoris

Wahrscheinlicher Grund
- Störung im 4. Chakra: Es zeigt sich eine diagonale, verkrampfte Schwingung. Kommunikationsstörung* zwischen den Chakren 5, 6 und 7.
- An der Wirbelsäule können Th1 bis Th3 betroffen sein.
- Betroffene Meridiane: Herz-, Kreislauf-, Lymph-Meridian.

Behandlung
- Chakren und Meridiane ausbalancieren. Dies muss mindestens 10-mal in angemessenen Abständen durchgeführt werden.

Begleittherapien
- Innerhalb einer Wassertherapie* sollten mindestens drei Liter reinen Wassers täglich getrunken werden[10].
- Falls nötig, einen Chiropraktiker aufsuchen.

Herz-Rhythmus-Störungen

Wahrscheinlicher Grund
- Eine Störung zwischen dem 4. Chakra und den Chakren 3 und 6. Diese Störungen sind rein nervlich bedingt.
- Beteiligte Meridiane: Nerven, Herz.
- Es können die Brustwirbelsäule (Th2), die oberen Halswirbel und der Trafo* beteiligt sein.
- Spurenelemente beziehungsweise der Elektrolyt-Haushalt können ebenfalls eine Rolle spielen.

Behandlung
- Vom 4. Chakra ausgehend die Chakren sowie die beteiligten Meridiane harmonisieren. Wenn nötig, mit Geisteschirurgie* arbeiten.

Begleittherapien
- Falls nötig, den Bettplatz sanieren.
- Den Elektrolyt-Haushalt beziehungsweise Spurenelemente austesten und ausgleichen.

Impotenz

Wahrscheinlicher Grund
- Kommunikationsstörung* der Chakren 1, 4, 5 und 6 untereinander.
- In der Regel liegen blockierende Ängste vor, Druck oder Schuldgefühle, die von anderen Menschen verursacht werden.
- Auch tote Zähne können beteiligt sein.

Behandlung
- Ausgleich der Chakren-Energie und Spannungsabbau im Nerven-Meridian.
- Wenn blockierende Ängste vorhanden sind, mit Affirmationen arbeiten.

Begleittherapien
- Eine Gesprächstherapie kann helfen.

Infektionen, Virus-Erkrankungen

Wahrscheinlicher Grund
- Eine Störung im Bereich des 4. Chakras: ein Ausfall des Immunsystems, der Zellregeneration beziehungsweise der körperbildenden Kräfte. Die Erkrankung manifestiert sich dort, wo keine Energie-Verbindung vom schwachen 4. Chakra zu einem anderen Chakra besteht.
- Beteiligte Meridiane: es können alle Meridiane betroffen sein.
- Die Wirbelsäule weist häufig im Bereich von Th8 und Th9 Probleme auf.

Behandlung
- Chakren und Meridiane ausbalancieren.
- Das Immunsystem stärken.

Siehe auch »Erkältungen«.

Begleittherapien
- Den Körper entgiften*.
- Bei Bedarf Vitamine und Spurenelemente (vor allem Vitamin C und Calcium) ausgleichen. Eventuell kann eine grundlegende Ernährungsumstellung hilfreich sein.
- Auch ist auch eine Gesprächstherapie angezeigt.

Siehe auch unter »Abwehrschwäche«.

Kinderkrankheiten

Wahrscheinlicher Grund
- Eine Störung im Bereich des 4. Chakras mit einer Kommunikationsstörung* zwischen 5. und 6. Chakra.
- Beteiligte Meridiane: Allergie, Kreislauf, Nerven.
- Wachstums- und Abwehrschwäche haben bei Kindern oft eine aus der Schwangerschaft übertragene Störung der Körperchemie als Ursache: zum Beispiel wenn die Mutter trinkt oder geraucht hat; auch eine Amalgam-Belastung der Mutter kann die Abwehr des Kindes schwächen.
- Störungen im Familien-Milieu mögen ein weiterer Grund sein.
- Ein gestörter Bettplatz schwächt ebenfalls die Abwehrkräfte des Kindes.

Behandlung
- Die gestörten Energiesysteme stärken und je nach Art der Erkrankung auch die beteiligten Organe.
- Belastungen jeder Art sollten ausgetestet und entsprechende Maßnahmen ergriffen werden – zum Beispiel den Körper entgiften* oder den Bettplatz sanieren.

Begleittherapien
- Psychotherapie oder eventuell eine Familienaufstellung nach Bert Hellinger[1].

Knochen
Knochenwucherung

Wahrscheinlicher Grund
- Eine Störung im 5. Chakra (Calcium-Haushalt). Beteiligt sind zudem die Chakren, in deren Einzugsgebiet die Knochenwucherung auftritt. Eine Knochenwucherung tritt nur dann auf, wenn das 5. Chakra (Knochenmark-Steuerung) schwach ist und gleichzeitig eine Störung des 4. Chakras (Zellregeneration und körperbildende Kräfte) vorliegt. Zusätzlich können Störungen im 6. und 1. Chakra vorhanden sein.
- Eine der möglichen Ursachen ist Bewegungsmangel.

Behandlung
- Entgleiste Energiesysteme ausgleichen, eventuell mit Geisteschirurgie* arbeiten.

Begleittherapien
- Spurenelemente kontrollieren und ausgleichen.
- Wenn Ängste vorhanden sind (»starr vor Angst sein«), kann eine Psychotherapie helfen.
- Vitamin D, Jod und Vitamin A können das Knochenwachstum steigern.

Knochenmark
Wahrscheinlicher Grund
- Eine Störung im 5. Chakra (Calcium-Haushalt) sowie im 4. Chakra (Zellregeneration und körperbildende Kräfte). Beteiligt sind zudem die Chakren, in deren Bereich die Probleme auftreten. Zusätzlich können Störungen im 6. und 1. Chakra vorhanden sein.
- Eine mögliche Ursache ist Bewegungsmangel.

Behandlung
- Chakren ausgleichen. Eventuell mit Geisteschirurgie arbeiten.

Begleittherapien
- Unbedingt den Bettplatz untersuchen und eventuell entstören.
- Schwermetallbelastungen* aufdecken und Körper entgiften.
- Der Vitamin- und Mineralstoffhaushalt sollte geprüft und bei Bedarf ausgeglichen werden.

Osteoporose, Arthrose
Wahrscheinlicher Grund
- Eine Störung im 5. und 1., oft auch im 4. Chakra.
- Beteiligte Meridiane: Gelenksdegeneration, Lymphe, Kreislauf.
- Ursachen können Wassermangel[10] (dehydrierter Körper), eine Stoffwechselstörung im Calcium-Haushalt, Vitamin-D- und/oder Bewegungsmangel sein.

Behandlung
- Energiesysteme und beteiligte Meridiane ausgleichen.
- Die am stärksten betroffenen Knochen und Gelenke mit gepolten Händen* und Organsprache-Therapie* behandeln.

Begleittherapien
- Vitamine, Spurenelemente, Wasser[10] zuführen.
- Bei Bewegungsmangel kann eine Bewegungstherapie helfen.
- Sind Depressionen vorhanden, ist eine Psychotherapie angezeigt.

Koma
Wahrscheinlicher Grund
- Ein Ausfall der Kundalini-Energie* und damit verbunden ein Zusammenbruch des Chakren-Systems.
- Es gibt zwei Arten von Koma: ein verletzungs- und ein nervlich bedingtes. Beim nervlich bedingten Koma sind die Chakren 4 beziehungsweise 6 gänzlich ausgefallen.

Behandlung
- In regelmäßigen Abständen das gesamte Chakrensystem aufbauen. Dabei grundsätzlich von unten nach oben arbeiten.

Begleittherapien
—

Kopfschmerzen

Wahrscheinlicher Grund
- Der Schmerz kann eine Kombinationsstörung sein. Dabei sind häufig Lymphe und Durchblutung gestört. Ist das nicht der Fall, ist der Schmerz ein Warnzeichen: »Meine Funktion ist gestört.«
- Kopfschmerzen können aus sehr verschiedenen Gründen auftreten – sie sind ein Hilfeschrei des Gesamtorganismus.
- Meist liegt eine Störung zwischen dem 6. Chakra (vorne und hinten) sowie den darunter liegenden Chakren vor.
- Auch Meridiane können beteiligt sein: Lymphe, Kreislauf, Nerven. Wenn die Ursache im Stoffwechsel liegt, können zudem alle Stoffwechsel-Meridiane betroffen sein. Sie müssen in Bezug zum 6. Chakra stehen.
- Weitere Ursachen können Übersäuerung, tote Zähne, eine Amalgambelastung, ein unausgewogener Vitaminhaushalt, ein belasteter Bettplatz, Elektrosmog sowie eine Fehlstellung der Halswirbelsäule sein.

Behandlung
- Das 6. Chakra ausgleichen sowie die energetischen Verbindungen zu den anderen gestörten Chakren und Meridianen.
- Die oben genannten Umweltfaktoren austesten, vor allem auch den Schlaf- und Arbeitsplatz.
- Bei der Ernährung auf die Natrium-Versorgung achten.
- Sind einzelne Organe betroffen, diese zusätzlich behandeln.
- Eventuell mit Organsprache-Therapie* arbeiten.

Begleittherapien
- Vitamine und Mineralstoffe austesten, dabei vor allem auf den Natrium-Kalium-Ausgleich achten.
- Spielen seelische Ursachen eine Rolle, kommt eine Psychotherapie in Betracht.
- Die Zähne sollten bei Bedarf saniert, die Wirbelsäule untersucht und eventuell chiropraktisch behandelt werden.

Körpergeruch

Wahrscheinlicher Grund
- Eine Störung im 2. und 3. Chakra und damit des Säure-Basen-Haushaltes* sowie der damit verbundenen Ausscheidungsorgane. Auch das 4. Chakra (Zellregeneration) kann betroffen sein.
- Beteiligte Meridiane: Haut, Niere, Lymphe, Leber, Galle, Organdegeneration.

Behandlung
- Chakren und Meridiane ausgleichen.
- Wenn ein Organ schwach ist, dieses direkt behandeln.
- Nahrungsmittel auf Verträglichkeit hin testen.

Begleittherapien
- Falls nötig, die Ernährung umstellen und auf geeignete Vitaminzufuhr achten.

Körpertemperatur – Abweichungen (Fieber oder Frösteln)

Wahrscheinlicher Grund
- Eine Störung im 4. und 5. Chakra, häufig auch eine schwache Kommunikation der Chakren zum 2. Chakra hin (Angst).
- Beteiligte Meridiane: Kreislauf, Lymphe, Dreifacher Erwärmer sowie Organdegeneration.
- Narben können ein Störfaktor sein.

– Ebenso kann eine unausgeglichene Psyche die Ursache sein, was auf eine psychosomatische Störung hindeuten würde.
– Vielleicht ist auch die Körperchemie aus dem Gleichgewicht geraten; es liegt ein Mangel beziehungsweise Überschuss an bestimmten Vitaminen und Spurenelementen vor.

Behandlung
– Oben genannte Chakren ausgleichen, ebenso die beteiligten Meridiane.

Begleittherapien
– Falls nötig, sollte ein Psychotherapeut aufgesucht werden.
– Die Ernährung umstellen beziehungsweise fehlende Vitamine ergänzen.

Krampfadern

Wahrscheinlicher Grund
– Eine Zellregenerationsstörung im 4. Chakra; damit verbunden sind Energieschwächen zum 5. und 6., manchmal bis zum 7. Chakra.
– Beteiligte Meridiane: Organdegeneration, Kreislauf, Haut, Bindegewebe, Nerven.

Behandlung
– Chakren ausgleichen: mit dem 4. Chakra beginnen und dann weiter nach oben arbeiten; die Energien jeweils zum 4. Chakra und den genannten Meridianen hin ausgleichen.
– Es sind mehrere Behandlungen nötig.

Begleittherapien
– Wechselbäder sind gut gegen Krampfadern, ebenso können Lymphdrainagen oder zarte Massagen – Streicheleinheiten für die Seele – helfen.
– Das Problem kann außerdem mit Geisteschirurgie* behoben werden.

– Außerdem sollte die Ernährung umgestellt werden: ein Vitamin-C- und Lysin-Mangel begünstigt Krampfadern.

Krämpfe

Wahrscheinlicher Grund
– Eine Schwäche oder Verkrampfung im 1. Chakra (Parasympathicus/Sympathicus). Ist das 4. Chakra ebenfalls gestört, kann es zu Allergien und Durchblutungsstörungen kommen.
– Damit verbunden ist eine Schwäche der Wirbelsäule; als Folge können Wirbelverschiebungen auftreten.
– Beteiligte Meridiane: Gelenksdegeneration, Bindegewebe, Meridiane der Verdauungsorgane.
– Krämpfe können viele verschiedene Ursachen haben: Umweltprobleme, einen schlechten Schlafplatz, tote Zähne, Allergien und Vergiftungen, eine Schwermetallbelastung* und vieles mehr.
– Aber auch organische Schwächen können zu Verkrampfungen führen: Übersäuerung, Magnesium-, Natrium-, Calcium-Mangel (um nur einige zu nennen) und andere Stoffwechselstörungen.

Behandlung
– Das 1. Chakra ausgleichen, ebenso die beteiligten Meridiane und Organe.
– Mangelerscheinungen sollten festgestellt werden. Dabei ist besonders auf Kalium, Calcium, Magnesium und Natrium zu achten.

Begleittherapien
– Die Ernährung umstellen, fehlende Vitamine und Mineralstoffe ausgleichen.
– Störfelder sanieren – den Bettplatz ebenso wie kranke Zähne.
– Auch sanfte Gymnastik kann helfen.

K Krebs

Wahrscheinlicher Grund
- Krebs ist ein Zusammenbruch des 4. Chakras. Der Anstoß für den Zusammenbruch kommt von anderen Bewusstseinsebenen (Chakren) – hauptsächlich aus dem 5. und 6. Chakra (Emotionen und Gedanken). Das 2. Chakra (Säure-Basen-Haushalt*) kann zusätzlich eine Rolle spielen.
- Weitere Faktoren können ein belasteter Schlafplatz, Pilzerreger und Schwermetalle sein.

Behandlung
- Chakren und erkrankte Organe ausbalancieren; das Immunsystem (4. Chakra) stärken.
- Außerdem hilfreich: mit Geisteschirurgie arbeiten.

Begleittherapien
- Seelische Hintergründe sollten mittels Psychotherapie aufgedeckt und aufgelöst werden.
- Der Säure-Basen-Haushalt* ist über gezielte Ernährung wieder herzustellen, der Körper eventuell zu entgiften.
- Ein belasteter Schlafplatz und Strahlenbelastungen jeder Art müssen ausgeschaltet werden.

Körperseiten – einseitige Beschwerden

Wahrscheinlicher Grund
- Bei vielen Menschen entstehen Krankheiten und Verletzungen nur auf einer Körperseite. Der Grund dafür liegt in einer Disharmonie der männlich/weiblichen Persönlichkeitsmerkmale. Die linke Körperseite ist dem Weiblichen, die rechte dem Männlichen zugeordnet. Die Störung ist im Hormonhaushalt zu suchen.
- Der Auslöser dieser Verschiebung kann in jedem Chakra beginnen und pflanzt sich dann fort in Neigungen und Bedürfnissen, die das gesamte Hormonsystem beeinflussen.

Davon am häufigsten betroffen sind die Chakren 1 und 2, 4 und 5, 5 und 6.
- In einigen Fällen kann eine Disharmonie der Körperseiten auch durch den Schlafplatz entstehen.

Behandlung
- Die betroffenen Chakren ausbalancieren.

Begleittherapien
- Eine Gesprächstherapie kann helfen, sich der eigenen Disharmonien in den Neigungen und Bedürfnissen bewusst zu werden.
- Der Schlafplatz sollte ausgetestet und, falls nötig, saniert werden.

Lähmungen

Wahrscheinlicher Grund
- Eine Störung des 6. Chakras und des Nerven-Meridians beziehungsweise des 5. Chakras (Knochenmark). Auch im Bereich des 4. Chakras können Probleme bestehen, die mit einer Durchblutungsstörung zum zentralen Nervensystem einhergehen. Außerdem kann der Trafo* betroffen sein.
- Weitere Ursachen: Unfallfolgen, Schwermetall-Vergiftung*, ein belasteter Schlafplatz, eine Wirbelverschiebung oder tote Zähne.

Behandlung
- Den Trafo* und die gestörten Energiesysteme ausgleichen.
- Eine eventuelle Unterversorgung des Kreislauf- und Nerven-Meridians beheben.

Begleittherapien
- Helfen können Autosuggestionen, Bewegungs- beziehungsweise Physiotherapie.
- Falls nötig, sollte der Bettplatz entstört, tote oder kranke Zähne saniert und der Körper entgiftet werden.

- Bei psychischen Problemen ist eine Gesprächstherapie zu empfehlen.

Lebererkrankung/Hepatitis

Wahrscheinlicher Grund
- Eine Störung des 3. Chakras mit einer Kommunikationsstörung* zwischen 4. und 5. Chakra.
- Beteiligte Meridiane: Leber, Gallenblase, Lymphe, Kreislauf, Organdegeneration.
- An der Wirbelsäule können Th4 und Th5 problematisch sein.
- Weitere Ursachen kann eine Schwermetallvergiftung*, ein belasteter Bettplatz, kranke Zähne, Alkoholismus, Drogen- und Medikamenten-Missbrauch sein.

Behandlung
- Chakren und Meridiane ausbalancieren.
- Die Leber muss direkt behandelt werden.

Begleittherapien
- Lebens- und Ernährungsgewohnheiten überprüfen und eventuell verändern. Dabei vor allem auf Eisen, Vitamin B2, Niacin und Vitamin A achten. Außerdem den Körper bei Bedarf entgiften.
- Eine gezielte Psychotherapie kann helfen, Aggressionen abzubauen.
- Ein belasteter Bettplatz sollte entstört, kranke Zähne saniert werden.

Lungenerkrankungen
Allgemein

Wahrscheinlicher Grund
- Eine Störung des 4. und 5. Chakras beziehungsweise der Wirbelsäule im Bereich Th1, Th2 und Th3.

- Beteiligte Meridiane: Lunge, Lymphe, Kreislauf, Allergie.
- Auch Rauchen, berufliche Belastungen und ein belasteter Bettplatz können auslösende Faktoren sein.

Behandlung
- Die gestörten Energiesysteme ausbalancieren.

Begleittherapien
- Atem- oder Psychotherapie können helfen, sofern zwischenmenschliche Probleme vorliegen.
- Der Schlafplatz sowie die Zähne sollten saniert werden.
- Der Vitamin- und Mineralstoffhaushalt sollte überprüft werden – vor allem im Hinblick auf zu viel Ozon und den damit einhergehenden erhöhten Niacin-Bedarf sowie auf einen eventuellen Lysin-Mangel.

Tuberkulose

Wahrscheinlicher Grund
- Eine Störung im 4. Chakra (Thymusdrüse) sowie eine Kommunikationsschwäche* zum 5. Chakra hin.
- Beteiligte Meridiane: Kreislauf, Lunge, Lymphe und Organdegeneration.
- Weitere auslösende Faktoren können belastete Zähne, Elektrosmog oder Erdstrahlen im Bereich des Bettplatzes, eine Schwermetallbelastung* sowie ein Pilzbefall des Körpers sein.

Behandlung
- Energiesysteme ausbalancieren.

Begleittherapien
- Atemtherapie, Suggestionen oder Psychotherapie können bei psychischen Problemen helfen.
- Wenn nötig, Schlafplatz und Zähne sanieren und den Körper entgiften*.

Magen-Darm-Bereich
Aufstoßen

Wahrscheinlicher Grund
- Eine Schwäche des 5. Chakras sowie Störungen zwischen 4. und 1. Chakra. Manchmal ist auch das 3. Chakra betroffen.
- In vielen Fällen ist eine Wirbelverschiebung im Brustwirbelbereich der Verursacher.
- Beteiligte Meridiane: Magen, Bauchspeicheldrüse, Leber.
- Ein weiterer Auslöser kann eine Schwäche in den Verdauungssekreten sein.

Behandlung
- Chakren und Meridiane ausbalancieren.
- Falls die Bauchspeicheldrüse mit betroffen ist, sollten die Essgewohnheiten überprüft und eventuell verändert werden.

Begleittherapien
- Eine Wirbelsäulen-Therapie, beispielsweise nach Feldenkrais[7], Massagen und chiropraktische Behandlungen können helfen, sofern die Wirbelsäule der Auslöser ist.
- Der Schlafplatz sollte bei Bedarf entstört werden.
- Eine Ernährungsberatung kann ebenfalls hilfreich sein, wobei besonders auf einen eventuellen Cystein-Mangel eingegeangen werden sollte.

Bauchkrämpfe
Wahrscheinlicher Grund
- Eine diagonale Schwingung im 3. Chakra sowie eine Kommunikationsstörung* zwischen 1. und 2. Chakra, eventuell auch eine Störung des 5. Chakras.
- Ein unausgewogener Vitamin- und Mineralstoffhaushalt kann ein weiterer Auslöser sein, vor allem ein Natrium-, Chlorid-, Mangan- und Selen-Mangel sowie ein Chrom-Überschuss.
- Wirbelverschiebungen im Bereich Th4, Th5, Th6 sollten überprüft werden.

- Auch eine Störung des Sonnengeflechts, also des Nervengeflechts im Bauchbereich, kann auslösender Faktor sein.
- Psychische oder auch Zahnprobleme können eine weitere Rolle spielen.

Behandlung
- Die Energien der ausgefallenen Chakren und Meridiane müssen wieder aufgebaut werden.

Begleittherapien
- Vitamine und Mineralien müssen ausgeglichen werden.
- Chiropraktik kann bei verschobenen Wirbeln helfen.
- Der Schlafplatz sollte bei Bedarf saniert, Zahnprobleme behoben werden.
- Bei psychischen Belastungen kann eine Gesprächstherapie helfen.

Blähungen

Wahrscheinlicher Grund
- Eine Störung im 3. Chakra in Form einer horizontalen Schwingung oder stehenden Ellipse; eine Kommunikationsstörung* vom 3. Chakra zu den Oberbauch-Organen beziehungsweise zwischen 2. und 3. Chakra.
- Angst ist vorhanden.
- Die Störung liegt in der Zusammenarbeit der Meridiane. Ist der Säure-Basen-Haushalt* nicht im Lot, kommt es zu einer Stoffwechselstörung.
- Auch Wirbelverschiebungen im Bereich von Th4, Th6 und Th12 können die Ursache sein.
- Natürlich spielt auch die Ernährung eine Rolle. Hier kann es um einen Kupfer- und Natrium-Mangel oder einen Schwefel-Überschuss gehen.

Behandlung
- Die Energie in den Chakren und Meridianen muss ausgeglichen werden.

– Sind Wirbelverschiebungen vorhanden, müssen diese mitbehandelt werden.

Begleittherapien
– Die Ernährung sollte umgestellt werden. Wichtig ist vor allem fettlose Kost. Mangelerscheinungen sollten ausgetestet und behoben werden.
– Bei Angstzuständen ist eine Psychotherapie zu empfehlen.

Dickdarm/Verstopfung
Wahrscheinlicher Grund
– Eine Störung im 2. und 3. Chakra; häufig ist die Kommunikation zum 1. Chakra unterbrochen. Ist eine Kommunikationsstörung* vorhanden, so entsteht eine Abwehrhaltung und somit eine Verstopfung der Kundalini* zum 5. Chakra hin. Ursache ist meist eine Angst der Seele.
– Der Dickdarm hat viel mit der Wirbelsäule (L1) zu tun. Es kann sein, dass Dickdarm und Bindegewebe Anomalien zeigen.
– Beteiligte Meridiane: Dickdarm, Nieren, Nerven, Lymphe, Bindegewebe.
– Auch die Ernährung spielt eine Rolle, besonders ein Vitamin- und Mineralstoffmangel (Calcium, Kupfer).
– Auch Erdstrahlen können mit im Spiel sein.

Behandlung
– Die Chakren 2 und 3 müssen aufgebaut, die Kommunikation zu den Chakren 1 und 5 sowie zu den gestörten Meridianen wieder hergestellt werden.

Begleittherapien
– Eine Wassertherapie* ist hilfreich.
– Bei Bedarf muss der Bettplatz entstört werden.
– Gegen die Angst helfen Gesprächs- oder andere Psychotherapien, eventuell auch Reinkarnationstherapie.
– Die Ernährung sollte umgestellt, vorhandene Mangelerscheinungen behoben werden.

Dünndarm/Durchfall

Wahrscheinlicher Grund
- Das 3. Chakra weist eine Kommunikationsstörung* zum 6. Chakra auf.
- Beteiligte Meridiane: Dünndarm, Organdegeneration, Lymphe, Nerven, Bindegewebe, Kreislauf.
- An der Wirbelsäule ist häufig der Th12, gelegentlich auch der L1 betroffen.
- Eventuell ist Angst im Spiel (jemand hat »Schiss«).
- Der Vitamin- und Mineralstoff-Haushalt kann aus dem Gleichgewicht sein, es besteht zum Beispiel ein Natrium-Mangel und Chrom-Überschuss usw.

Behandlung
- Die gestörten Energiefelder müssen ausgeglichen werden. Eine energetische Behandlung allein reicht jedoch meist nicht aus, begleitende Therapien sind vonnöten.

Begleittherapien
- Eine geeignete Ernährungsumstellung ist in jedem Fall angezeigt.
- Schlafplatzstörungen müssen behoben werden.
- Bei einem Mangel an Geborgenheit kann Psychotherapie helfen.

Gastritis, Magengeschwür, Sodbrennen

Wahrscheinlicher Grund
- Eine Störung im 3. Chakra sowie eine Kommunikationsstörung* zwischen 5. und 6. Chakra. Auf Energieverschiebungen im Bauchbereich achten.
- Beteiligte Meridiane: Nerven, Lymphe, Kreislauf, Allergie, Organdegeneration, Magen.
- Weitere Ursachen können ein belasteter Schlafplatz, Elektrosmog, Zahnprobleme sein.
- Auch die Wirbelsäule kann betroffen sein, hier besonders der Th6.

- Nahrungsmittelunverträglichkeiten können ebenfalls eine Rolle spielen.

Behandlung
- Die Chakren ausbalancieren; dabei das 2. Chakra mit behandeln, auch wenn es gesund ist.
- Gegen sich selbst gerichtete Glaubenssätze aufspüren (»sauer sein«). In diesem Fall zusätzlich mit Suggestionen arbeiten.

Begleittherapien
- Eine Lebensberatung oder Psychotherapie kann helfen, negative Glaubenssätze aufzuspüren und aufzulösen.
- Die Ernährung sollte im Bedarfsfalle umgestellt und dabei besonders auf die ausreichende Versorgung mit Vitamin E, Lysin und Pantothensäure geachtet werden.
- Falls nötig, sollten Schlafplatz beziehungsweise Zähne saniert werden.

Kolitis (Darmentzündung)/ Krämpfe im Darmbereich

Wahrscheinlicher Grund
- Eine Störung des 3. (vorne und hinten) oder des 4. Chakras (Immunsystem) sowie eine Kommunikationsstörung* zwischen beiden.
- Beteiligte Meridiane: Allergie, Dünndarm, Nerven, Dickdarm, Bindegewebe und Lymphe. Gelegentlich sind zusätzlich die Meridiane der großen Bauchorgane beteiligt.
- Verursacher kann auch die Wirbelsäule sein, hier besonders der L1.

Behandlung
- Da ein breites Spektrum von Meridianen beteiligt sein kann, müssen alle Meridiane in Einklang mit dem 3. und 4. Chakra gebracht werden.

Begleittherapien
- Es ist eine Ernährungsumstellung angezeigt, wobei beson-

ders auf eine ausgewogene Versorgung mit Vitamin C und Niacin geachtet werden sollte.
- Allergien sollten behandelt, eventuelle Wirbel-Fehlstellungen durch Chiropraktik behoben werden..
- Bei Bedarf sollte außerdem der Bettplatz saniert werden.

Magenschwäche
Wahrscheinlicher Grund
- Eine Störung im 3. Chakra sowie eine Kommunikationsstörung* zum 5. und/oder 6. Chakra. Wenn der Nerven-Meridian eine Kommunikationsstörung* zum 3. Chakra aufweist, kann auch das 1. Chakra betroffen sein.
- Beteiligte Meridiane: Lymphe, Kreislauf, Nieren, Magen.
- An der Wirbelsäule kann der Th6 betroffen sein.
- Weitere Ursachen können Allergien, Unverträglichkeiten, Durchblutungsstörungen des Magens, Angstsymptome, ein belasteter Bettplatz, Elektrosmog sowie Pilzbefall sein.

Behandlung
- Chakren und Meridiane aufbauen und ausbalancieren.

Begleittherapien
- Ein Chiropraktiker kann die Wirbelsäule korrigieren, falls nötig.
- In einer Gesprächstherapie können behindernde Glaubenssätze aufgespürt und aufgelöst werden. Affirmationen helfen dabei ebenfalls.
- Die Ernährung sollte umgestellt werden, wobei auf die ausreichende Versorgung mit Mineralstoffen und Vitaminen zu achten ist, vor allem: Vitamin E, Calcium, Eisen und Cystein.
- Ein belasteter Bettplatz sollte entstört werden.

Verdauungsstörungen
Wahrscheinlicher Grund
- Eine Schwäche im 3. Chakra führt zu einer Schwäche der Verdauungsorgane. Über das Sonnengeflecht pflanzt sich dieser Prozess bis zum 6. Chakra fort. Die dadurch entstehende Kommunikationsstörung* zwischen 3. und 6. Chakra verursacht eine Störung im 2. Chakra.

– Unverträglichkeiten, Allergien, Schwermetallbelastungen*, Elektrosmog und Erdstrahlen können weitere auslösende Faktoren sein und sollten untersucht werden.

Behandlung
– In der oben beschriebenen Reihenfolge die Chakren und die mit beteiligten Meridiane behandeln.

Begleittherapien
– Ausgerichtet auf die einzelnen Organe haben sich die entsprechenden Suggestionen bewährt (siehe Anhang).
– Falls nötig, sollten der Bettplatz saniert, Schwermetalle* ausgeleitet werden.
– In schweren Fällen ist eine Psychotherapie nötig.

Malaria

Wahrscheinlicher Grund
– Eine Störung des Immunsystems (4. Chakra) sowie eine Kommunikationsstörung* vom 4. und 5. zum 3. Chakra.
– Beteiligte Meridiane: in der Regel sind mehrere Meridiane betroffen, das kann von Fall zu Fall variieren.
– Die Immunschwäche kann als Ursache einen Pilzbefall des Körpers haben.
– Auch eine Schwermetallbelastung*, Angst vor Schwäche sowie gestörte Zähne können eine Rolle spielen.

Behandlung
– Gestörte Energiesysteme stärken.
– Meist sind fünf bis zehn Behandlungen nötig.

Begleittherapien
– Wenn Angst vorhanden ist, mit Suggestionen und bejahenden Leitsätzen arbeiten. Auch Gesprächstherapie kann helfen.
– Außerdem sollte auch auf erprobte Methoden der Schulmedizin zurückgegriffen werden.

Milzerkrankungen

Wahrscheinlicher Grund
- Eine Störung im 3. Chakra sowie eine Störung zum 4. Chakra hin (Abwehrschwäche).
- Beteiligte Meridiane: Milz/Pankreas, Kreislauf, Lymphe.
- An der Wirbelsäule kann Th8 betroffen sein.
- Ein belasteter Bettplatz, hoher Leistungsdruck sowie Mineralstoff-Mangel können ebenfalls eine Rolle spielen.

Behandlung
- Energiesysteme ausgleichen, dabei besonders auf die Stabilität der Kommunikation zum 3. und 4. Chakra achten.

Begleittherapien
- Mit Affirmationen arbeiten, wenn zu viel Leistungsdruck vorhanden ist, vor allem zu den Themen Freude und Freiheit. Auch eine Gesprächstherapie kann helfen.
- Wenn nötig, den Bettplatz sanieren, Mineralstoffe und Spurenelemente austesten und ausgleichen.
- Falls nötig, einen Chiropraktiker aufsuchen.

Multiple Sklerose

Wahrscheinlicher Grund
- Ein überstarkes 6. Chakra mit einer Kommunikationsstörung* zu allen anderen Chakren, dem Trafo* und vielen Meridianen ist möglich. Dadurch entsteht:
  1. eine Schädigung der Nervenfasern,
  2. eine hohe Sensibilität, wodurch das Nervensystem in den feinsten Verästelungen überbelastet wird.
  3. Stoffwechselstörungen ohne Mangelerscheinungen, wodurch Nerven-Umhüllungen (Isolationen) geschädigt werden.

Behandlung
- Alle drei Bereiche müssen korrigiert und behandelt werden:

- Die Spannung im 6. Chakra muss abgebaut, die Energie zu allen anderen Systemen hin ausgeglichen werden. Dabei muss unbedingt auch auf einen eventuellen Stau im Trafo* geachtet werden.
- Jegliche Strahlenbelastung (Erdstrahlen, Elektrosmog etc.) unbedingt ausschließen.
- Die Ernährung mit Rute, Pendel oder Bioresonanzgeräten austesten. Die Störung rührt in der Regel hauptsächlich von allen Graspflanzen (Getreide) her sowie vom Fleisch der Gras oder Getreide fressenden Tiere.
- Eine Regeneration der Nerven ist kaum möglich, daher kann »nur« ein Stillstand der Krankheit erreicht werden.

Begleittherapien
- Eine Lebensberatung kann begleitend helfen.
- Außerdem sollte die/der Betreffende davon überzeugt werden, dass es auch andere Heilungsmöglichkeiten als die der Schulmedizin gibt.

Mundprobleme, Mundgeruch

Wahrscheinlicher Grund
- Eine Störung des 5. Chakras mit einer Kommunikationsstörung* zum 3. und 4., eventuell auch zum 6. Chakra.
- Beteiligte Meridiane: Haut, Leber, Magen.
- Bei Mundgeruch ist meist ein Leber- oder Magenproblem vorhanden.
- Weitere auslösende Faktoren können schlechte Zähne, Vitamin- und Mineralstoffmangel sowie ein Wirbelsäulenproblem im Bereich von C4 sein.

Behandlung
- Energetische Fehlfunktionen ausgleichen, falls nötig, die Organe Leber und Magen sowie und alle beteiligten Meridiane direkt stärken.

Begleittherapien
- Falls nötig, die Zähne sanieren.
- Ein Chiropraktiker hilft bei Wirbelsäulen-Problemen.
- Wenn unterdrückte Wut, schwierige Lebensumstände oder nachtragende Gedanken bestehen, sollte mit Affirmationen gearbeitet werden oder/und ein Psychotherapeut oder Lebensberater aufgesucht werden.
- Die Ernährung umstellen; dabei auf ausgewogene Vitamin- und Mineralstoffzufuhr achten.

Muskeln
Allgemein
Wahrscheinlicher Grund
- Eine Verkrampfungsschwingung beziehungsweise Blockade im 1. Chakra sowie eine Kommunikationsstörung* zwischen 1. und 4. beziehungsweise 1. und 5. Chakra.
- Beteiligte Meridiane: Nerven, Kreislauf, Lymphe, Bindegewebe.
- Ein weiterer Grund können Störungen im Mineralstoff- und Vitaminhaushalt sein, wobei Carnetin eine besondere Rolle spielen kann.
- Narben und Schwermetalle* sind weitere Störquellen.

Behandlung
- Die beteiligten Energiesysteme ausgleichen. Dabei im Bereich des 4. Chakras besonders auf die Zellregeneration und die körperbildenden Kräfte achten.

Begleittherapien
- Mineralstoff- und Vitaminhaushalt austesten und bei Bedarf ausgleichen, dasselbe gilt für den Säure-Basen-Haushalt*.
- Bewegungs- und Wassertherapie* sind natürlich ebenfalls hilfreich.
- Einen belasteten Schlafplatz sowie eventuell vorhandene Narben entstören, Zähne sanieren.

Muskelschwund

Wahrscheinlicher Grund
- Ein gestörtes 4. Chakra sowie eine Kommunikationsstörung* vom 4. zum 5. oder zum 6. Chakra (Zusammenbruch des Endokrinums, also eine Störung der Wachstums- und Heilungshormone).
- Beteiligte Meridiane: Nerven, Kreislauf, Lymphe, Bindegewebe.
- Auch eine Schwermetallbelastung* kann im Spiel sein.

Behandlung
- Die beteiligten Energiesysteme ausgleichen. Dabei im Bereich des 4. Chakras besonders auf die Zellregeneration und die körperbildenden Kräfte achten.
- Außerdem Störungen im Trafo* behandeln.

Begleittherapien
- Eine Ernährungsumstellung kann helfen, den Vitamin- und Mineralstoffhaushalt auszubalancieren.
- Ein belasteter Schlafplatz sollte entstört, Zähne, falls nötig, saniert, der gesamte Körper entgiftet werden.
- Wenn der Hormonhaushalt gestört ist, ist unbedingt die Zusammenarbeit mit einem Endokrinologen anzuraten.
- Außerdem sollte mit geeigneten Suggestionen und Imaginationen gearbeitet werden.

 Nase
Allgemein

Wahrscheinlicher Grund
- Ein gestörtes 5. Chakra mit einer Kommunikationsstörung* zum 4. Chakra. Auch ein Pilzbefall des Körpers und ein gestörter Trafo* können das Problem verursachen.
- Beteiligte Meridiane: Kreislauf, Allergie, Lymphe, Nerven.
- Die Halswirbelsäule kann im Bereich des C2, C3 und C4 betroffen sein.

- Auch Mangelerscheinungen, vor allem Vitamin B2, Eisen und Zink können eine Rolle spielen.

Behandlung
- Chakren und beteiligte Meridiane ausgleichen.
- Wenn nötig, sollte eine Korrektur der Wirbelsäule vorgenommen werden.
- Bei Nasenbluten den Kreislauf-Meridian stärken.
- Wenn die Nase »läuft«, den Lymph-Meridian behandeln.
- Bei verstopfter Nase das 4. Chakra und den Allergie-Meridian, eventuell auch den Haut-Meridian, behandeln.
- Bei Nebenhöhlen-Problemen besonders die Kommunikation zwischen 5. und 4. Chakra fördern und auf tote Zähne achten.

Begleittherapien
- Inhalationen können helfen.
- Wenn psychische Belastungen vorhanden sind – »Ich hab die Nase voll!« – Gesprächstherapeuten aufsuchen oder/und mit Suggestionen arbeiten.
- Vitamin- und Mineralstoffhaushalt ausgleichen.
- Eventuell kann auch ein Chiropraktiker helfen.

Polypen

Wahrscheinlicher Grund
- Eine starke Kommunikationsstörung* zwischen 4. und 5. Chakra sowie eine Schwäche des 4. Chakras (Zellregeneration und körperbildende Kräfte) mit einer zusätzlichen Störung zum Kreislauf-Meridian. Meist ist zudem eine Schwäche im 1. Chakra vorhanden, was zu einer partiellen Verkrampfung im Organismus führt.
- Umwelteinflüsse, Elektrosmog, Erdstrahlen sowie eine schwierige Familiensituation können weitere Ursachen sein.

Behandlung
- Energiesysteme ausgleichen und von unten nach oben aufbauen – falls das 1. Chakra beteiligt ist.
- Erst dann die Meridiane behandeln.

Begleittherapien
- Falls nötig, Arbeits- und Bettplatz sanieren.
- Psychotherapie oder Methoden der Psychokinesiologie können helfen, um eine problematische Familiensituation aufzulösen.
- Eventuell mit Geisteschirurgie* arbeiten.

Nägelprobleme
Wahrscheinlicher Grund
- Eine Störung des 5. Chakras (Frust oder Trotz) sowie eine Kommunikationsstörung* zwischen 5. und 1. Chakra.
- Beteiligte Meridiane: Nerven, Haut, Gelenksdegeneration.
- Brüchige Nägel haben meist ein Ungleichgewicht des Mineralstoff- und Vitaminhaushalts als Ursache.
- Nägelkauen kann von einem falschen Verhältnismuster zwischen Aggressivität und Friedfertigkeit herrühren.
- Nagelpilze sind auf ein schwaches Immunsystem und Allergien zurückzuführen. Der Pilzbefall beginnt immer dort, wo ein Meridian geschwächt ist.

Behandlung
- Die Energiesysteme in Einklang bringen, Chakren ausgleichen.
- Ein Vitamin- beziehungsweise Mineralstoffmangel sollte ausgeglichen werden, dabei ist besonders auf einen Niacin-, Cystein- oder Vitamin-B12-Mangel sowie auf einen Selen-Überschuss zu achten.

Begleittherapien
- Nägelkauen: Eine Psychotherapie ist zu empfehlen, wobei geeignete Suggestionen zusätzlich helfen können.
- Pilzbefall: Handauflegen auf den betroffenen Bereich; zusätzlich bewährte Pilzmittel auftragen.

Nerven
Allgemein

Wahrscheinlicher Grund
- Eine Störung im 6. Chakra. Außerdem können die Chakren 4, 5 und 7 betroffen sein.
- Beteiligte Meridiane: Nerven, Gelenksdegeneration, Kreislauf, Lymphe.

Behandlung
- Gestörte Energiesysteme ausgleichen.

Begleittherapien
—

Epilepsie

Wahrscheinlicher Grund
- Eine Störung im 6. Chakra vorne und hinten. Die Störung besteht hauptsächlich darin, dass in verschiedenen Gehirnbereichen unterschiedliche Spannungen entstehen, die zu Entladungen führen und den epileptischen Anfall auslösen. Zusätzlich können die Chakren 4 und 5 betroffen sein, wobei die Zellregeneration und die körperbildenden Kräfte häufig den Ausschlag geben.
- Beteiligte Meridiane: Nerven, Organdegeneration, eventuell auch Kreislauf.

Behandlung
- Der Ausgleich der Energiesysteme im Kopfbereich und die damit verbundenen Störungen zu den anderen Chakren und Meridianen bewirkt nur in den seltensten Fällen eine Besserung.
- Die erfolgreichste Behandlung ist die Geisteschirurgie* und die Bereinigung von tief im Unbewussten liegenden Inhalten, die oft mit Fremdeinwirkung verbunden sind und im Allgemeinen mit »Besetzung« oder »Besessenheit« betitelt werden.

Begleittherapien

Nervosität

Wahrscheinlicher Grund
- Eine Störung im 6. Chakra. Außerdem können die Chakren 4, 5 und 7 sowie der Trafo* betroffen sein.
- Beteiligte Meridiane: Nerven, Gelenksdegeneration, Kreislauf, Lymphe.
- Ebenso können ein belasteter Schlafplatz, Stress, Angst, eine Schwermetallbelastung*, Wirbelverschiebungen sowie Vitamin- und Mineralstoffmangel (hier vor allem Vitamin B, Magnesium und Zink) die Ursache sein.

Behandlung
- Energiesysteme ausgleichen.
- Schwermetalle* ausleiten und Mangelerscheinungen beheben.

Begleittherapien
- Bei psychischen Ursachen ist eine Lebensberatung sinnvoll, bei der Strategien zur Konfliktlösung erarbeitet werden.
- Wirbel sollten bei Bedarf eingerenkt werden; hier kann auch Wirbelsäulen-Gymnastik nach Feldenkrais[7] unterstützend wirken. Ebenso ist Bewegungstherapie und Ausgleichssport zu empfehlen.
- Bei Bedarf sollten Schlaf- und Arbeitsplatz entstört werden.

Neuralgie

Wahrscheinlicher Grund
- Eine Störung der Chakren 4 und 6.
- Beteiligte Meridiane: Allergie, Nerven und Kreislauf.
- Ein unausgewogener Vitamin-Haushalt sowie Wirbelverschiebungen im Bereich des Th8 und Th9 können ebenfalls eine Rolle spielen.
- Elektrosmog kann ein weiterer Faktor sein.

Siehe auch »Nervosität«.

Behandlung
- Chakren ausgleichen. Die Chakren 4 und 6 müssen in der Regel mit behandelt werden (langsamer Abbau).
- Handauflegen direkt auf die schmerzende Region, dabei die Farben Violett und Silber visualisieren.

Begleittherapien
- Mangelerscheinungen ausgleichen.
- Lösungsorientierte Gesprächstherapie kann ebenfalls helfen.
- Falls eine Elektrosmog-Belastung diagnostiziert wurde, Bett- und Arbeitsplatz sanieren.
- Falls nötig, die Wirbelsäule mittels Chiropraktik korrigieren.

Ohnmachtsanfälle

Wahrscheinlicher Grund
- Eine Störung in den oberen drei Chakren mit Ausfall der Kundalini-Energie*. Manchmal ist auch eine Blockade oder Schwäche im 1. Chakra vorhanden. Energieausfall im Bereich des 3. und 6. Chakras und des Trafos*.
- Beteiligte Meridiane: Nerven, Organdegeneration, Lymphe.
- Auch Kreislauf- und Durchblutungsstörungen oder Wirbelverschiebungen im Brust- und Halswirbelbereich (Verkrampfung beziehungsweise Verspannung in der Nackenmuskulatur) können eine Rolle spielen.
- In seltenen Fällen ist der Grund eine Störung im Vitaminhaushalt.

Behandlung
- Störungen beheben, Kundalini-Energie* wieder aufbauen.
- Falls Verspannungen und eine Wirbelverschiebung vorhanden sind, sollte die Behandlung wie unter »Krämpfe« beschrieben erfolgen.

Begleittherapien
- Eine Psychotherapie kann helfen, Ängste zu beheben und das Selbstwertgefühl stärken.

- Falls eine Strahlenbelastung des Bettplatzes vorliegt, ist diese zu beheben.
- Eventuell ist es nötig, mit Geisteschirurgie* zu arbeiten.
- Ist die Wirbelsäule betroffen, kann ein Chiropraktiker helfen.
- Falls eine Störung des Vitaminhaushaltes vorliegt, ist dieser durch eine Ernährungsumstellung und/oder geeignete Vitamingaben zu beheben.

Ohrenprobleme

Wahrscheinlicher Grund
- Wie alle Sinnesorgane haben auch die Ohren mit einer Störung im 5. sowie einer Kommunikationsstörung* zum 6. Chakra zu tun. Beteiligt sind außerdem das 4. Chakra (Durchblutungsstörung) sowie die Chakren 2 und 3 (Stoffwechselstörungen), was zur Verdickung der Körperflüssigkeiten (Lymphe, Blut) führt.
- Beteiligte Meridiane: Es können alle Stoffwechsel-Meridiane betroffen sein.
- Häufig ist auch eine Verschiebung im Halswirbelbereich die Ursache.
- Von einem unausgeglichenen Stoffwechsel herrührende Probleme sind Angst und Verkrampfung.
- Stress, Erdstrahlen und vor allem Schwermetallbelastungen* sowie tote Zähne kommen als Ursache in Betracht.
- Probleme mit den Ohren können auch Folge einer nicht ausgeheilten organischen oder einer früheren Ohrerkrankung sein.

Behandlung
- An erster Stelle sollte hier der Ausgleich der Energiesysteme in Hals und Kopf stehen. Sind diese stabil, werden die Selbstheilungskräfte im 4. Chakra gestärkt.
- Dann kommen die Meridiane an die Reihe, die unbedingt mit Suggestionen behandelt werden sollten, wobei direktes Handauflegen am betroffenen Ohr von Vorteil sein kann.

Begleittherapien
- Psychotherapie oder Suggestionen (für Freiheit und Freude) können helfen, Ängste und Verkrampfungen abzubauen.
- Falls nötig, sollten die Nackenwirbel mittels Chiropraktik wieder in die richtige Position gebracht werden.
- Bei Bedarf sollten ein belasteter Bettplatz entstört, Zähne saniert und Gifte* ausgeleitet werden, dabei kann eine Wassertherapie* unterstützend wirken.

Parasiten

Wahrscheinlicher Grund
- Eine schwache Energie in den Chakren 2, 3, 4 sowie ein Vitamin- und Mineralstoff-Mangel können dazu führen, dass Umweltgifte wie Lösungsmittel, Schwermetalle, Spritzmittel usw. den Körper schädigen.
- Beteiligt sind die Stoffwechsel-Meridiane.
- Auch organische Schwächen in Leber, Nieren und im Darm-Bereich spielen eine Rolle.
- Erdstrahlen und tote Zähne können verstärkend wirken.

Siehe dazu auch »Abwehrschwäche«.

Behandlung
- Abwehrkräfte (4. Chakra) aufbauen und die Entgiftung über das 2. und 3. Chakra fördern.
- Die geschwächten Meridiane ausgleichen.
- Den Körper über Ausleitungsverfahren* entgiften.

Begleittherapien
- Die Ernährung umstellen (Diät zur Entgiftung).
- Sofern nötig, Schlaf- und Arbeitsplatz sanieren.
- Eine Psychotherapie hilft, die Vergangenheit zu bewältigen; mithilfe einer Lebensberatung kann der sorgfältige Umgang mit sich und der Umwelt erarbeitet werden.

Parkinson'sche Krankheit

Wahrscheinlicher Grund
- Mit großer Wahrscheinlichkeit ist der Verursacher eine Quecksilberbelastung des Körpers, welche zu einer Störung im Energiehaushalt des Gehirns führt.
- Beteiligte Meridiane: alle Versorgungs- und Regenerations-Meridiane.
- Probleme mit der Halswirbelsäule sowie eine gestörte Energie im Trafo* sind unbedingt zu berücksichtigen.

Behandlung
- An erster Stelle sollten die Entgiftung und andere Ausleitungsverfahren für Schwermetalle* liegen. Erst dann kann behutsam der Aufbau der gestörten Energiesysteme vorgenommen werden. Eine umgekehrte Vorgehensweise führt zu einer Verschlechterung der Krankheit.

Begleittherapien
- Neben dem Entgiftungs- und Ausleitungsverfahren kann Hilfe durch mediales Behandeln, das heißt Arbeiten mit einem Geistführer*, angezeigt sein.

Pilzerkrankungen

Wahrscheinlicher Grund
- Schwäche in den Chakren 2, 3, 4 und 6 sowie in den Organen und Meridianen des Verdauungs- und Ausscheidungstraktes. Außerdem eine Störung im 4. Chakra mit einer Kommunikationsstörung* zum 2. und 3. Chakra.
- Beteiligt können alle Stoffwechsel-Organe und der Allergie-Meridian sein.
- Die Erkrankung beginnt meist durch falsche Ernährung (zu viel »tote« Nahrung, zu wenig »Lebens-Mittel«).
- Der Pilz bindet Schwermetalle, daher kann eine Schwermetallbelastung* im Körper vorliegen; auch tote Zähne können eine Rolle spielen.

Behandlung
- Die betroffenen Energiesysteme aufbauen und ausgleichen.
- Das Immunsystem sowie die Chakren 2 und 3 stärken. Ist das 2. Chakra betroffen, sollte dazu geraten werden, die Vergangenheit aufzuarbeiten.
- Die Ernährung im Hinblick auf Allergene untersuchen.

Begleittherapien
- Ein Pilz kann sehr hartnäckig sein, manchmal muss mit allopathischen Mitteln gearbeitet werden – innerlich wie äußerlich.
- Pilze binden Schwermetalle und zersetzen abgestorbenes Leben. Deswegen auf vitale Kost achten, damit über die Nahrung nicht zu viel Lebloses aufgenommen wird; denn dies lässt die Pilze aggressiv werden.
- Schwermetalle müssen unbedingt ausgeleitet* werden.
- Bei Partnerschaftsproblemen sollte eine Gesprächstherapie in Betracht gezogen werden, ebenso bei vorliegenden Ängsten und Belastungen aus der Vergangenheit.

Reisekrankheiten (Autofahrten, See-, Flugreisen)

Wahrscheinlicher Grund
- Eine Störung in der Körperchemie. Wenn das 3. Chakra und die mit dieser Körperregion verbundenen Meridiane gestört oder schwach sind und gleichzeitig die Verbindung zum 5. und 6. Chakra unterbrochen ist, treten Reisekrankheiten auf.
- Beteiligte Meridiane: Nerven und Kreislauf.

Behandlung
- Chakren und Meridiane ausgleichen.
- Mangelerscheinungen – zum Beispiel Fluor und Mangan – austesten.

Begleittherapien
- Neben dem Ausgleich der Mangelerscheinungen sollte auch

die psychische Komponente mit behandelt werden, beispielsweise mittels Gesprächstherapie oder Autosuggestionen zur Überwindung der Angst.

Rheumatischer Formenkreis
Allgemein
Wahrscheinlicher Grund
- Die Ursachen können äußerst vielschichtig sein. Es kann die Seele/Psyche das Problem sein, aber auch eine völlig falsche Ernährung und/oder Vergiftung des Organismus.
- Die wahrscheinlichen Gründe liegen im 5. Chakra (mangelnde Harmonie) und im 2. Chakra (mangelnde Vergangenheitsbewältigung). Daraus entsteht ein Dauerstress, der Betroffene ist »sauer« auf andere Menschen.
- Beteiligt ist meist der gesamte Organismus und somit auch alle Energiesysteme.

Behandlung
Folgender Weg hat sich in der Behandlung bewährt:
1. Den gesamten Organismus über eine Ernährungsumstellung entsäuern und einen Basen-Puffer* aufbauen; gleichzeitig viel Wasser trinken[10].
2. Ausgehend vom 2. Chakra alle Energiesysteme stabilisieren. Die Behandlung ist zum einen wegen ihrer Vielschichtigkeit, zum anderen wegen der Entgiftung des Körpers mehrmals zu wiederholen.

Tote Zähne, Schwermetallbelastungen*, zum Teil auch Allergien, sind weitere verursachende Faktoren und müssen unbedingt mit behandelt werden. Zusätzlich kann ein Handauflegen auf die besonders schmerzenden Stellen vorgenommen werden.

Begleittherapien
- Eine Psychotherapie kann helfen, Ängste, Aggressionen und andere Disharmonien zu lösen.

- Eine Ernährungsumstellung, Zahn- und Schlafplatz-Sanierung sind unbedingt nötig.
- Bei stark deformierten Gelenken sollte mit Geisteschirurgie* gearbeitet werden.
- Bewegungs- und Wassertherapie* gehören ebenfalls mit ins Programm.

Gicht

Wahrscheinlicher Grund
- *Siehe »Rheumatischer Formenkreis«.*
- Das krank Machende ist hier in jedem Fall das Psychische; in der Regel möchte die/der Betreffende etwas erzwingen, dominieren, beherrschen.

Behandlung
- Energiesysteme ausbalancieren und Zähne sanieren.
- Zusätzlich ist eine Psychotherapie und in vielen Fällen auch eine homöopathische Behandlung nötig.

Begleittherapien
- *Siehe »Rheumatischer Formenkreis«.*

Schlaflosigkeit

Wahrscheinlicher Grund
- Die Ursache kann ein gestörtes 6. oder 5. Chakra sein, genauso belastend wirkt eine Wirbelverschiebung im Halswirbelbereich.
- Es sind Störungen in den unterschiedlichsten Meridianen möglich.
- Auch eine Strahlenbelastung des Schlafplatzes, Elektrosmog, Stoffwechselstörungen sowie ein Mangel an Vitaminen und Mineralstoffen können die Ursache sein.
- Sorgen, Stress, und »Nicht–abschalten–können« behindern das Einschlafen.

Behandlung
- Chakren und beteiligte Meridiane ausbalancieren.

- Über den Nerven-Meridian mit friedvollen Suggestionen arbeiten.
- Wenn der Kreislauf- und/oder der Allergie-Meridian mit betroffen sind, Suggestionen zum Thema Freiheit einbeziehen.

Begleittherapien
- Ungleichgewichte im Vitamin- und Mineralstoffhaushalt – hier besonders Calcium-, Magnesium-, Kieselerde-, Vitamin-D-Mangel sowie Kobalt-Überschuss ausgleichen.
- Falls nötig, den Bettplatz sanieren; wenn eine Schwermetallbelastung* vorliegt, den Körper entgiften; Zähne sanieren.
- Eventuell mit Autosuggestionen und meditativen Übungen arbeiten.

Schmerzen, Schmerzempfindlichkeit, Dauerschmerz

Wahrscheinlicher Grund
- Eine Störung im 6. Chakra mit Blockade zum 1. Chakra.
- Der Schmerz ist ein Schrei nach Energie oder ein Hilfeschrei, der ausdrückt: »Meine Funktion ist gestört«. Daher können sehr viele Störungen in den jeweiligen Chakren auftreten:
  1. Chakra: Verkrampfung und Verspannung;
  2. Chakra: der Säure-Basen-Haushalt* ist nicht im Gleichgewicht;
  3. Chakra: das Sonnengeflecht ist »überspannt«, was bedeutet, dass die Verdauung beziehungsweise die Verbrennung der Speisen gestört und damit auch die Erzeugung von Bioenergie beeinträchtigt ist;
  4. Chakra: die Herzlichkeit leidet unter der Dominanz des Denkens;
  5. Chakra: eine Fehlsteuerung des Rückenmarks, woraus eine überhöhte oder falsche Schmerzvermittlung resultiert;
  6. Chakra: eine Fehlspannung zum Hirnstamm; falsche Reizvermittlung zwischen Klein- und Großhirn (damit verbundene Glaubenssätze wie: »Das muss ja weh tun«, »das geschieht mir recht, dass es weh tut« usw.).

- Beteiligte Meridiane: Nerven, Allergie und alle anderen Meridiane.
- Stoffwechselstörungen sowie Vitamin- und Mineralstoffmangel können eine weitere Ursache sein, ebenfalls eine Schwermetallbelastung* oder ein gestörter Bettplatz sowie Krankheiten, die durch Umweltgifte (Berufskrankheiten) entstanden sind. Auch allergische Reaktionen und störende Narben können eine Rolle spielen.

Behandlung
- Es empfiehlt sich, alle gestörten Systeme von unten nach oben aufzubauen (beginnend mit dem 1. Chakra).
- Meistens ist dabei ein langsamer Rückgang der Schmerzen zu beobachten. Häufig sind mehrere Behandlungen nötig.

Begleittherapien
- Autosuggestionsübungen und Meditationen haben sich als Begleittherapie besonders bewährt.
- Narben sollten entstört werden, ebenso Belastungen durch Elektrosmog am Arbeits- oder Schlafplatz.
- Kranke oder tote Zähne sollten saniert, der Körper bei Bedarf entgiftet werden.
- Bei Schmerzen, die durch andere Krankheiten, Operationen oder Unfälle entstanden sind, müssen bei der Behandlung auch die ursächlichen Faktoren berücksichtigt werden.
- Behandlungen der Wirbelsäule durch Chiropraktik und besonders Cranio-Sacral-Therapie haben sich bewährt.

Schwäche, allgemein

Wahrscheinlicher Grund
- Ein schwacher Energiehaushalt, meistens vom 1. Chakra ausgehend, eine Kommunikationsstörung* zum 6. Chakra hin sowie eine vom 5. Chakra ausgehende Kommunikationsstörung*, die sich energetisch auf das gesamte Meridian-System auswirkt. Eine Störung des Trafos* kann ebenfalls vorliegen.

- Häufig ist der Körper auch durch Elektrosmog, Erdstrahlen, eine Schwermetallbelastung*, tote Zähne und Umweltgifte geschwächt.
- Durch den Energiemangel kann der gesamte Stoffwechselprozess gestört sein, was zu weiteren Mangelerscheinungen und Selbstvergiftungen des Körpers führen kann.

Behandlung
- Die Behandlung sollte in der oben beschriebenen Reihenfolge vorgenommen werden.

Begleittherapien
- Bewegungs- und Musiktherapie kann helfen, ebenso Atemübungen.
- Falls nötig, sollte die Ernährung umgestellt werden; dabei vor allem auf ausgewogene Kost achten: zum Beispiel Nahrungsmittel, die Vitamin D, Folsäure und Vitamin B enthalten.
- Mithilfe von Psychotherapie oder Suggestionen Freude und Begeisterung aufbauen.
- Falls nötig, Zähne sanieren und den Körper entgiften.

Schwellungen, Ödeme

Wahrscheinlicher Grund
- Die Störung kann aus dem 4. und 5. Chakra kommen. Wenn das 5. Chakra die größere Störung zeigt, muss die Kommunikation vom 5. zum 2. Chakra überprüft werden. Die Verbindung der angeführten Chakren zum 6. Chakra kann ebenfalls gestört sein.
- Beteiligte Meridiane: Lymphe, Kreislauf, Nieren, Leber, Nerven, Gelenksdegeneration*, gegebenenfalls auch der Blasen-Meridian.
- Stoffwechselstörungen und Belastungen durch Umweltgifte jeder Art können eine Rolle spielen.

Behandlung
- Alle Energiesysteme ausgleichen, dabei beim 5. Chakra beginnen.
- Wenn Meridiane behandelt werden müssen, diese mit Suggestionen stärken.

Begleittherapien
- Wasser- und Bewegungstherapie* kann helfen.
- Eventuell die Ernährung umstellen; von außen kommende Störfaktoren wie Elektrosmog oder Erdstrahlen ausschalten.
- Psychotherapie kann helfen, die Vergangenheit besser zu bewältigen.
- Den Vitamin- und Mineralstoffhaushalt ausgleichen.

Schwindel

Wahrscheinlicher Grund
- Siehe »Ohrenprobleme«. Die auslösenden Faktoren stimmen größtenteils überein.
- Mögliche weitere Ursachen sind starke Störungen zwischen 5. und 6. Chakra, Störungen der Halswirbelsäule und des Trafos*.
- Die Meridiane Nerven und Kreislauf können zusätzlich betroffen sein.
- In seltenen Fällen ist eine Stoffwechselstörung der Auslöser, die sich in einer Kommunikationsstörung* des 2. zum 5. Chakra zeigt.

Behandlung
- Gestörte Energiesysteme ausgleichen; die Halswirbelsäule und den Trafo* behandeln.
- Störungen, die sich durch Messungen am Schädel zeigen, sind durch Handauflegen zu beheben.
- Ist die Ursache nicht eindeutig, einen Geistführer* zu Rate ziehen.

Begleittherapien
- Bei Bedarf Zähne und Bettplatz sanieren.

- Physiotherapie oder Chiropraktik können helfen, die Halswirbelsäule einzurenken, ebenso Cranio-Sacral-Therpaie.
- Ist der Stoffwechsel gestört, helfen Ausleitungsverfahren* und Maßnahmen zur Entgiftung*.

Stottern

Wahrscheinlicher Grund
- Eine Störung im 5. Chakra; manchmal ist auch eine Fehlstellung eines Nackenwirbels die Ursache.
- Belastungen durch Umweltgifte und Schwermetalle* können eine Rolle spielen. Diese zeigen sich meist in einer Kommunikationsstörung* zwischen 4. und 6. Chakra.
- Beteiligte Meridiane: Nerven und Gelenksdegeneration.

Behandlung
- Gefundene Störungen ausgleichen.
- Belastende Umweltfaktoren ausschalten, wenn diese als Verursacher identifiziert wurden.

Begleittherapien
- Reinkarnationstherapie und Regressionen können helfen, Schockerlebnisse in der Kindheit aufzuspüren und zu erlösen. Psychotherapie, Psychokinesiologie, Suggestionen und Imaginationsübungen können ebenfalls helfen.
- Bei der Ernährung auf genügend Kobalt und Mangan achten; den Körper bei Bedarf entgiften.
- Bei einer Fehlstellung der Nackenwirbel kann ein Chiropraktiker helfen.

Süchte

Wahrscheinlicher Grund
- Eine Störung im 4. Chakra vorne und hinten. Sichtbar ist die Störung durch gegensätzliche Rotationsschwingungen – es sind gegen das Leben gerichtete Kräfte am Werk.
- Beteiligt können alle Energiesysteme sein, sie sind jedoch nicht die Verursacher.

Behandlung
- Alle Behandlungen sollten vom 4. Chakra ausgehen und von Affirmationen und Suggestionen ergänzt beziehungsweise begleitet werden.
- In vielen Fällen ist das Mitwirken des Geistführers* nötig (mediales Heilen).

Begleittherapien
- Es sollte mit geeigneten Therapien nach Ereignissen gesucht werden, die einen Liebesentzug bedeuteten. Dabei kann unter Umständen eine Reinkarnationstherapie hilfreich sein.

Übelkeit

Wahrscheinlicher Grund
- Meistens liegt eine Schwächung des 3. Chakras vor, ausgehend von der Bauchspeicheldrüse.
- Alternativ kann das Sonnengeflecht der Verursacher sein. Zusätzlich kann es vom 3. Chakra ausgehend Kommunikationsstörungen* zu den anderen Chakren sowie zu den Meridianen geben.
- Auch Wirbelverschiebungen im Brustwirbelbereich (Th4 – Th7), Erdstrahlen, eine Schwermetallbelastung*, Allergien und Unverträglichkeiten können eine Rolle spielen.

Behandlung
- Die Behandlung sollte vom 3. Chakra ausgehen. Von hier aus die beteiligten Chakren und Meridiane ausgleichen.

Begleittherapien
- Eine Ernährungsumstellung hilft, den Vitamin- und Mineralstoffhaushalt wieder ins Gleichgewicht zu bringen.
- Bei Bedarf den Bettplatz sanieren, Schwermetalle ausleiten* und den Körper entgiften*.

Übergewicht

Wahrscheinlicher Grund
- Eine Störung im 5. Chakra, die sich zum 2. Chakra, dann vom 2. zum 6. und dann zum 3. Chakra ausweitet.
- Beteiligte Meridiane: Nerven, Kreislauf, Lymphe, Fettdegeneration und alle Stoffwechsel-Organe. Dadurch entstehen Unverträglichkeiten bis hin zu Allergien. Diese führen wiederum zu Stoffwechselstörungen beziehungsweise Blockaden.

Behandlung
- Die Behandlung muss in der oben angegebenen Reihenfolge geschehen: 5., 2., 6. und dann 3. Chakra.
- Erst wenn alle Energiesysteme stabil sind, haben eine Ernährungsumstellung und Entgiftung* Erfolg.

Begleittherapien
- Psychotherapie oder Suggestionen können helfen, die Angst vor Verletzungen abzubauen.

Unheilbar krank

Wahrscheinlicher Grund
- Das Bewusstsein des Kranken ist »unheil« und nicht korrigierbar, er spricht nicht an. Der Lebenswille (die Kundalini-Energie*) ist gebrochen. Alle Chakren sind davon betroffen. Auskunft über die Schwere der Krankheit gibt das 7. Chakra.
- Der Zusammenbruch im Organischen und im Meridian-System kann lange zurückliegen.
- In der Regel liegen lebensfeindliche Glaubenssätze vor. Etwa: »Mir kann keiner helfen«, »damit muss ich leben.«

Behandlung
- Das gesamte Chakren-System und die Verbindung der Chakren untereinander muss aufgebaut werden.
- Fürbitten für den Menschen sprechen, Suggestionen mit lebensbejahenden Sätzen zusammenstellen.

Begleittherapien
- Wenn nötig, den Körper entgiften*.
- Eine Gesprächstherapie kann eventuell ebenfalls helfen.

Urogenitalsystem
Blasenprobleme

Wahrscheinlicher Grund
- Eine Schwäche im 1. und 2. Chakra; eine Angstschwingung ist vorhanden (diagonale oder horizontale Schwingung). Manchmal ist auch das 4. Chakra betroffen, was bedeutet, dass die Zellregeneration gestört ist.
- Beteiligte Meridiane: Blasen-, Nerven-, Organdegenerations-Meridian, Dreifacher Erwärmer (oft hat der/die Betroffene kalte Füße).
- Erdstrahlen können Auslöser sein, ebenso kranke oder tote Zähne sowie eine Wirbelverschiebung im Lendenwirbelbereich.
- Bei Blasenentzündungen sollte eine Schwermetallbelastung* ausgetestet werden.
- Eine Unausgewogenheit des Vitamin- und Mineralstoffhaushaltes kann vorliegen: zum Beispiel ein Kupfer- und Vitamin-B2-Überschuss (bei häufigem Entleeren der Blase) oder ein Pantothensäure- und Natriumchlorid-Mangel.

Behandlung
- Die Energie des 1. und 2. Chakra muss aufgebaut werden, ebenso die der betroffenen Meridiane. Außerdem ist es wichtig, die Kommunikationsstörung* zwischen Chakren und Meridianen zu beheben.

Begleittherapien
- Angezeigt sind heiße Sitz- und Wechselbäder (kneippen). Auch eine Wassertherapie* kann helfen.
- Außerdem sollte die Durchblutung angeregt, Schwermetalle ausgeleitet* werden.

- Wie bei allen Wasser ausscheidenden Organen ist es sinnvoll, mit Tees zu arbeiten.
- Eine chiropraktische Behandlung kann ebenfalls weiterhelfen.
- Falls Angstsymptome vorhanden sind, sollte eine Psychotherapie verordnet werden.
- Kranke Zähne sollten bei Bedarf saniert, der Bettplatz entstört, der Vitamin- und Mineralstoffhaushalt ausgeglichen werden.

Harnwegsinfektion

Wahrscheinlicher Grund
- Schwäche in den Chakren 1 und 2 bei gleichzeitiger Störung des 4. Chakras.
- Beteiligte Meridiane: Blase, Niere, Organdegeneration, Kreislauf, Lymphe.
- Versorgungsschwäche durch Lymphe und Blut (Kreislauf) im Bereich des Unterkörpers.
- Auch Wirbelverschiebungen im untersten Teil der Wirbelsäule (Th9 bis Th11) können eine Rolle spielen.

Behandlung
- Die Energien müssen ausgeglichen werden. Meistens sind dazu mehrere Behandlungen nötig.
- Mit gezielten Affirmationen können Nieren- und Blasen-Meridian beeinflusst werden.

Begleittherapien
- Einreibungen, Sitzbäder, Packungen und Tees können helfen.

Nierenbecken-Entzündung

Wahrscheinlicher Grund
- Eine Störung im 2. und 4. Chakra sowie eine Kommunikationsstörung* der beiden untereinander.
- Betroffene Meridiane: Nieren, Kreislauf, auch Lymphe. Wenn die Probleme länger anhalten, sind auch der Bindegewebs- und der Haut-Meridian mit betroffen.

- Eine Nierenbecken-Entzündung kann grundsätzlich mit Schleimhaut und Bindegewebe zusammenhängen.

Behandlung
- Die betroffenen Chakren und Meridiane ausgleichen.
- Die Nieren sollten mit gepolten Händen* direkt behandelt werden.

Begleittherapien
- Bei einer Störung der Harnwege sind geeignete Tees hilfreich. Grundsätzlich sollte viel Flüssigkeit getrunken werden (mindestens zwei bis drei Liter täglich).
- Bei kalten Füßen helfen Wechselbäder.
- Auch Vitamine und homöopathische Mittel können zum Einsatz kommen.

Nierenentzündung
Wahrscheinlicher Grund
Siehe »Nierenschwäche«

Behandlung
- Vor allem muss die Kommunikationsstörung* zwischen 2. und 4. Chakra behoben werden.
- Außerdem sollten das Immunsystem (4. Chakra) gestärkt und alle weiteren beteiligten Chakren sowie Meridiane ausgeglichen werden.

Begleittherapien
- Bei vorliegenden Vergiftungssymptomen und/oder einer Schwermetallbelastung* den Körper entgiften; tote Zähne sanieren; einen gestörten Säure-Basen-Haushalt* wieder ins Gleichgewicht bringen.
- Bei zwischenmenschlichen Problemen kann eine Gesprächstherapie helfen (Thema dürfte dabei hauptsächlich ein Trennungsproblem sein).

Nierenschwäche

Wahrscheinlicher Grund
- Störungen im 2. Chakra, von hier übergreifend zu den Chakren 1, 3 und 4, in seltenen Fällen auch zum 5. Chakra.
- Beteiligte Meridiane: Nieren, Blase, Lymphe, Kreislauf, Nerven, Organdegeneration, Dreifacher Erwärmer, Allergie, Magen, Leber, Galle.
- Weitere Ursachen können Stoffwechselstörungen und ein dadurch gestörter Säure-Basen-Haushalt*, Wirbelsäulenprobleme im unteren Brustwirbel-Bereich sowie eine nach innen gerichtete Allergie sein. Auch Erdstrahlen, tote Zähne und eine Schwermetallbelastung* kommen in Frage.
- Eine weitere mögliche Ursache ist eine falsche Zusammensetzung der Nahrung und daraus resultierend eine Dehydrierung des Körpers sowie ein Vitamin- und Mineralstoff-Mangel (hier vor allem Zink, Magnesium, Kalium und Natrium).
- Außerdem ist die Regeneration des Körpers in der Nacht beeinträchtigt.

Behandlung
- Chakren ausgleichen und die Verbindungen zu allen Meridianen sowie der Chakren untereinander stärken.
- Da sehr viele Energiesysteme beteiligt sind, sollte die Behandlung öfter wiederholt werden.

Begleittherapien
- Eine Ernährungsumstellung ist hier besonders wichtig.
- Ebenso kann eine Wassertherapie* sinnvoll sein.
- Sind zwischenmenschliche Enttäuschungen vorhanden, kann eine Gesprächstherapie helfen.
- Bei Bedarf sollten die Zähne saniert, im Falle einer Schwermetallbelastung* der Körper entgiftet werden.
- Bei psychischen Problemen ist eine Gesprächstherapie angezeigt, bei Fehlstellungen der Wirbelsäule chiropraktische Behandlung.

- Organsprache- und Bewegungs-Therapie* sind weitere Möglichkeiten der Behandlung.

Nierensteine
Wahrscheinlicher Grund
Siehe »Nierenschwäche«.

Behandlung
- Die Chakren 1 und 2 stärken.
- Den Energiefluss der Kundalini* zu den oben angeführten Chakren und Meridianen ausgleichen.

Begleittherapien
- Eine Ernährungsberatung und -umstellung ist angezeigt; sie sollte sich nach Art der Zusammensetzung der Steine richten.
- Auch Wasser- und Bewegungs-Therapie* ist zu empfehlen.

Prostata
Wahrscheinlicher Grund
- Eine Störung des 4. und 1. Chakras, sowie eine Kommunikationsstörung* dieser beiden zum 6. Chakra hin.
- Beteiligte Meridiane: Kreislauf, Organdegeneration, Nerven.
- Erdstrahlen, Elektrosmog, tote Zähne und eine Schwermetallbelastung* können eine Rolle spielen.
- An der Wirbelsäule können L3 und L4 betroffen sein.

Behandlung
- Das 4. Chakra stärken; die Kommunikation zum 1. Chakra wiederherstellen, erst dann die zum 6. Chakra.
- Beteiligte Meridiane ausbalancieren.

Begleittherapien
- Wenn Arbeits- und Schlafplatz belastet sind, diese sanieren. Zahnschäden beheben.
- Psychotherapie und Suggestionen können helfen, Ängste abzubauen.

– Schwermetalle* müssen ausgeleitet werden. Bei der Ernährung auf genügende Zufuhr von Zink, Vitamin A und B1 achten.

Venenentzündung

Wahrscheinlicher Grund
- Die Störung geht vom 4. Chakra aus und löst dann eine Kommunikationsstörung zum 5. und weiter zum 2. Chakra aus.
- Es bestehen Blockaden im Kreislauf- und im Lymph-Meridian.
- Wenn alle angeführten Chakren und Meridiane gestört sind, bewirkt dies auch Probleme im 1. Chakra und in der gesamten Kundalini-Energie*. Dies führt dazu, dass das Immunsystem und die Regenerationskräfte nicht richtig arbeiten.

Behandlung
- Die Behandlung muss analog zu ihrer Entstehung (siehe oben) erfolgen.
- Zusätzlich empfiehlt es sich, die am stärksten betroffenen Stellen mit Handauflegen und blauem Licht zu behandeln und Suggestionen zu den Themen Freude und Freiheit zu verwenden.

Begleittherapien
- Ist der Mineralstoffhaushalt entgleist, sollte mit Vitaminen und Spurenelementen gearbeitet werden, mit Vitamin B6 und C. Eventuell auch die Ernährung umstellen.

Verbrennungen, Verletzungen, Verstauchungen, Wunden

Wahrscheinlicher Grund und Behandlung
- Um eine schnelle Heilung zu erreichen, empfiehlt es sich, alle Energiebereiche zu überprüfen und auszugleichen.
- Durch das Handauflegen auf die betroffene Stelle und das

Übertragen von blauem oder grünem Licht kann jede Heilung beschleunigt werden.
- Bei Verstauchungen sollte das 1. Chakra gestärkt und in Einklang mit dem Gelenks-Meridian gebracht werden.

Begleittherapien
- Bewährte Methoden aus Naturheilkunde und Schulmedizin sollten zusätzlich angewendet werden.
- Das Heilen mit Energien sollte in diesem Fall eine Zusatztherapie darstellen.

Vergiftung

Wahrscheinlicher Grund und Behandlung
- Die Ausscheidungsorgane (Leber, Nieren und Darm) stärken; Gifte durch geeignete Mittel ausleiten*.
- Alle gestörten Energiesysteme (Chakren, Meridiane und Organe) müssen mehrmals überprüft und entsprechend oft behandelt werden.

Begleittherapie
- Wassertherapie* kann die Reinigung des Körpers unterstützen.
- Bei schweren Vergiftungen ist ein Arzt hinzuzuziehen.

Warzen

Wahrscheinlicher Grund
- Eine Störung im 2. und 4. Chakra sowie eine Kommunikationsstörung* der beiden.
- Beteiligte Meridiane: Bindegewebe und Haut.

Behandlung
- Meridiane und Chakren stärken.
- Betroffene Hautstellen mit rotem Licht und Handauflegen direkt behandeln.

Begleittherapien
- Warzen-Besprechung.
- Bei Dornwarzen hilft eine Psychotherapie, um Ängste, Sorgen, Wut und Hilflosigkeit abzubauen.

Weinerlichkeit

Wahrscheinlicher Grund
- Eine Störung der Chakren 4, 5 und 6 oder eine Kommunikationsstörung* zwischen diesen Chakren.
- Beteiligte Meridiane: Nerven, Kreislauf, Dreifacher Erwärmer und die Meridiane der Verdauungsorgane.
- Auch eine Schwermetallbelastung*, tote Zähne sowie ein Vitamin- und Mineralstoffmangel können eine Rolle spielen.

Behandlung
- Chakren und beteiligte Meridiane ausgleichen.
- Mangelerscheinungen austesten und beheben; dabei besonders auf Pantothensäure achten.

Begleittherapien
- Eine Gesprächstherapie oder Familienaufstellung nach Hellinger[1] kann helfen.
- Bei Bedarf sollten die Zähne saniert, der Bettplatz entstört, Schwermetalle ausgeleitet werden.
- Auch Bewegungstherapie, sanfte Gymnastik und Meditationsübungen können hilfreich sein.
- Bei der Ernährung auf genügend Pantothensäure und Folsäure beziehungsweise auf einen Kupfer-Überschuss achten.
- Auch eine Wassertherapie kann unterstützend wirken.

Wirbelsäule
Allgemein

Wahrscheinlicher Grund
- Der Hauptverursacher bei Schwierigkeiten mit dem Kno-

chengerüst, den Bändern und Sehnen sind Störungen im 1. und 5. Chakra, bei Degenerationserscheinungen und Wucherungen auch das 4. und 6. Chakra. Es können aber auch alle anderen Chakren beteiligt sein (zum Beispiel Stoffwechselstörungen im Zusammenhang mit dem 2. und 3. Chakra oder Probleme des Denkens, die mit dem 6. Chakra in Verbindung stehen).
- Vergiftungen im Körper können den Auf- und Abbau des Skeletts beeinflussen.
- Störungen im Knochensystem sind fast immer dort zu finden, wo ein schwaches Chakra ist. So beeinträchtigt beispielsweise ein schwaches 1. Chakra die Beine; ein schwaches 2. Chakra bringt Störungen in der Lendenwirbelsäule und in den Hüftgelenken mit sich. Siehe dazu auch die Abbildung im Anhang.
- Beteiligte Meridiane: Gelenksdegeneration, Bindegewebe, aber auch alle Versorgungs-Meridiane einschließlich der Nerven und der Stoffwechselorgane.
- Umweltprobleme wie Elektrosmog, Erdstrahlen, Schwermetall-Vergiftungen* wirken zusätzlich belastend.
- Außerdem kann vergangener oder aktueller Medikamenten-Missbrauch eine nicht zu unterschätzende Rolle spielen.

Behandlung
- Da der Aufbau der Knochen langsam vor sich geht, muss beim Ausgleich aller Energiesysteme Geduld aufgebracht werden; Behandlungen über einen längeren Zeitraum sind in jedem Fall erforderlich.
- Die Verbindung zum Heilungszentrum (4. Chakra) und der betroffenen Körperstelle mit heilenden Händen ist für die Behandlung von Vorteil.
- Mineralsstoff- und Vitamin-Mangel muss unbedingt ausgeglichen, oben genannten Störfaktoren ausgeschaltet beziehungsweise saniert werden.

Begleittherapien
- Bewegungs- und Wassertherapie* helfen bei Stoffwechselstörungen.

- Falls eine Schwermetall-Vergiftung* vorliegt, muss mit Ausleitungsverfahren gearbeitet werden.
- Bei schweren Problemen muss der betroffene Bereich der Wirbelsäule eventuell vorübergehend ruhig gestellt werden.
- Falls nötig, den Schlafplatz und die Zähne sanieren.
- Da die Wirbelsäule die »Stütze des Lebens« ist, kommt auch eine Psychotherapie in Betracht.
- Siehe dazu auch die Übersicht über die Wirbelsäule und ihre Chakren-Zuordnung im Anhang.

Bandscheibenvorfall
Wahrscheinlicher Grund
- Eine Energieschwäche des Chakras in der erkrankten Region.
- Auch das 1. Chakra kann beteiligt sein, denn es steuert Sympathicus und Parasympathicus und damit die nervliche Versorgung der Wirbelsäule.
- Beteiligte Meridiane sind: Gelenke und Nerven.
- Ein dehydrierter Körper kann zusätzlicher Auslöser sein, wofür eine falsche Ernährung, seelischer Druck, körperliche Überbelastung, Bewegungsmangel sowie ein schlechter Schlaf- oder Arbeitsplatz verantwortlich sein können.
- Unterschiedlich lange Beine, kranke oder tote Zähne sowie ein Mangel beziehungsweise Überschuss an Vitaminen und Spurenelementen – darunter Calcium, Folsäure, Vitamin B12 und C – spielen eventuell ebenfalls eine Rolle.

Behandlung
- Da meistens mehrere Faktoren zusammenkommen, muss alles nacheinander saniert werden. Beginnen sollte man mit Energiearbeit und Wassertherapie* sowie der Ernährungsumstellung.
- Dann folgen bei Bedarf Beinlängenausgleich und Bettplatzsanierung.
- Schließlich sollte die Wirbelsäule mit Entspannungs- und Heilenergie aufgeladen werden.

Begleittherapien
- Als weitere Maßnahme kommt Wirbelsäulen-Gymnastik

nach Feldenkrais[7] in Frage; ein Chiropraktiker und/oder Masseur kann ebenfalls helfen. Auch Wärmebehandlungen und Einreibungen können helfen.

Wirbelverschiebungen
Wahrscheinlicher Grund
– Da praktisch der gesamte Organismus über das Rückenmark und die Nervenaustritte von der Wirbelsäule her versorgt wird, treten bei Wirbelverschiebungen durch nervliche Fehlversorgung verschiedene Symptome und Krankheiten auf.
– Wirbelverschiebungen entstehen dort, wo schwache Chakren und Energien herrschen. Ausnahme: Unfälle.

Behandlung
– Wo Wirbelverschiebungen auftreten, das zuständige Chakra und auch dessen Verbindung zum 1. Chakra untersuchen und ausgleichen, falls nötig.
– Beteiligte Meridiane, die zu dem gestörten Chakra oder Körperteil gehören, kontrollieren und bei Bedarf behandeln.

Begleittherapien
Siehe »Wirbelsäulenprobleme – Allgemein«.

Zahnprobleme
Allgemein
Wahrscheinlicher Grund
– Eine Störung, die vom 5. Chakra ausgeht, denn der Rachenraum wird von diesem Chakra aus versorgt. Wenn die Störung auf das 4. Chakra (Heilungszentrum) übergreift, dann beginnen Versorgungsschwierigkeiten über den Kreislauf und die Lymphe. Ist das 5. Chakra gestört, so kommt es auch zu Problemen mit dem Calcium-Haushalt (Einlagerung des Calciums ist erschwert), wodurch die Festigkeit der Zähne beeinträchtigt wird.

Behandlung
- Chakren 5 und 4 sowie die beteiligten Versorgungs-Meridiane ausbalancieren.
- Gleichzeitig muss unbedingt auch der Mineralstoffhaushalt ausgeglichen werden.

Begleittherapien
- Eine Ernährungsumstellung ist erforderlich; fehlende Vitamine und Mineralstoffe müssen ausgeglichen werden.
- Die Zähne – besonders tote Zähne – sanieren; außerdem auf die Mundhygiene achten.
- Eine Gesprächstherapie über Grundsätzliches im Leben, wie beispielsweise das Gefühl »sich durchbeißen zu müssen«, kann ebenfalls helfen.

Zahnfleischbluten, Parodontose
Wahrscheinlicher Grund
- Eine starke Kommunikationsstörung* zwischen den Chakren 4 und 5. Dies bedeutet eine gestörte Zellregeneration (4. Chakra) sowie Mangelerscheinungen bei Vitaminen und Mineralstoffen – vor allem Vitamin C und Pantothensäure.
- Beteiligte Meridiane: Kreislauf, Nerven, Lymphe, Bindegewebe und Haut.
- Wird das Zahnfleischbluten nicht behoben, entsteht Parodontose.

Behandlung
- Energiesysteme und beteiligte Meridiane ausgleichen.

Begleittherapien
Siehe »Zähne – Allgemein«.

Zahnersatz, behandelte Zähne, Plomben, Kronen
Wahrscheinlicher Grund
- Behandelte Zähne üben einen ständigen Reiz auf die dazu-

gehörigen Organe aus (siehe Tabelle im Anhang). Kranke Zähne können daher in Verbindung zu den entsprechenden Organen und Organfunktionen getestet werden.
- Verschiedene Metall-Legierungen im Mund (zum Beispiel Goldkronen und Metall-Spangen, besonders aber Amalgam) erzeugen Störfelder, die sich bioenergetisch auf den gesamten Körper auswirken können. Metall im Mund verstärkt jeden Energie-Einfluss, beispielsweise von Elektrosmog oder Erdstrahlen.

Behandlung
- Die Energie im 4. und 5. Chakra ausgleichen, ebenso die der betroffenen Meridiane.
- Die Zähne können auch direkt durch Handauflegen oder Geisteschirurgie* behandelt werden.

Begleittherapien
- Menschen mit mehreren kranken oder behandelten Zähnen brauchen eine vitamin- und mineralstoffreiche Kost, die unter anderem viel Vitamin C und Calcium enthält.
- Da sich die Metalle im Mund durch Abrieb lösen und im Körper ablagern, muss der Körper mittels Schwermetall-Ausleitung* entgiftet werden.
- Die Zusammenarbeit mit einem Zahnarzt ist unbedingt nötig.

Zellulitis

Wahrscheinlicher Grund
- Kommunikationsstörungen* zwischen den Chakren 1 und 4 sowie 2 und 4.
- Bei Personen, die zusätzlich übergewichtig sind, ist auch das 5. Chakra (Schilddrüse) betroffen.
- Stark beteiligte Meridiane: Bindegewebe, Haut, Fettdegeneration, Lymphe und Kreislauf. In seltenen Fällen sind auch Stoffwechsel-Organe beteiligt.
- Der Säure-Basen-Haushalt* kann aus dem Gleichgewicht geraten sein.

Behandlung
- Alle Behandlungen sollten von Affirmationen und Suggestionen begleitet werden. Imaginationsübungen mit Autosuggestions-Charakter sind zusätzlich wirksam.
- Da es sich bei Zellulitis um keine herkömmliche Krankheit handelt, sondern um degenerative Erscheinungen im Gewebe, geht die Veränderung und Verbesserung der Situation nur langsam vor sich. Es muss eine ständige Kontrolle der Chakren und Meridiane erfolgen.
- Zusätzlich müssen natürlich die Stoffwechsel-Probleme behoben werden.

Begleittherapien
- Die Ernährung umstellen; fehlende Vitamine und Mineralstoffe ausgleichen, eventuell eine Wassertherapie* machen.
- Bewegungstherapie, Lymph-Drainage und Bürst-Massagen unterstützen die Regeneration des Gewebes.
- Imaginationsübungen, Meditationen und – wenn das Selbstwertgefühl angekratzt ist – eine Gesprächstherapie sind zu empfehlen.

Zuckungen (Tics)
Wahrscheinlicher Grund
- Eine Störung im 6. Chakra sowie eine Kommunikationsstörung* zu den Chakren 5, 4 und 1. Fast immer liegen außerdem Störungen in den Nebenchakren und im Trafo* vor.
- Damit verbunden ist eine Schwäche im Nerven-Meridian, in einigen Fällen zusätzlich im Lymph- und Kreislauf-Meridian.
- Zu den genannten Belastungen im Energiehaushalt können sich viele verschiedene Ursachen gesellen. Das können Umweltprobleme (zum Beispiel ein belasteter Schlafplatz oder Elektrosmog), tote Zähne, Allergien und Vergiftungen, Schwermetallbelastungen*, organische Störungen (die zu Verkrampfungen führen), Übersäuerung, ein Mangel an Vitaminen und Mineralstoffen sowie Stoffwechselstörungen sein.

– Es besteht immer eine starke Wechselwirkung zwischen Körper und Psyche, worauf dann das Nervensystem reagiert.

Behandlung
– Nur wenn alle angeführten Möglichkeiten untersucht und behoben werden, kann eine gezielte Behandlung der Energiesysteme erfolgreich sein.
– Über mediales Heilen (Arbeiten mit Geisteschirurgie*) sollte auf alle Fälle der Kopf (das Gehirn) mit behandelt werden.

Begleittherapien
– Ein belasteter Schlaf- oder Arbeitsplatz sowie tote Zähne müssen saniert, ein belasteter Körper entgiftet werden.
– Mangelerscheinungen im Vitamin- / Mineralstoffhaushalt sind auszugleichen.
– Sanfte Gymnastik und Dehnungsübungen in den verkrampften oder gestörten Regionen sind sehr hilfreich.
– Häufig ist auch eine Reinkarnationstherapie oder eine Familienaufstellung nach Hellinger[1] erfolgreich. Auch eine Gesprächstherapie sowie gezielte Suggestionen können helfen.

Zysten
Wahrscheinlicher Grund
– Eine Schwäche im 4. und 5. Chakra. Davon geht eine Störung des Lymph-Systems aus, aber auch der Kreislauf und die Meridiane der Verdauungs- und Ausscheidungsorgane sind betroffen.
– Aus dieser Schwäche ergeben sich Stoffwechselstörungen, die zur Verdickung beziehungsweise falschen Zusammensetzung der Lymphe führen.
– Zysten bilden sich meist dort, wo ein Energiemangel herrscht.

Behandlung
– Chakren und Meridiane sowie energetische Schwachstellen im gesamten Organismus ausbalancieren.

- Unbedingt den Mineralstoff- und Vitaminhaushalt austesten und bei Bedarf ausgleichen.
- Mangelndes Selbstwertgefühl heben.

Begleittherapien
- Eine Wassertherapie* hilft bei Stoffwechselstörungen.
- Psycho-, Gesprächstherapie oder Familienaufstellung nach Hellinger[1] ist oft sinnvoll.
- Schnelle Hilfe verspricht die Geisteschirurgie*.

Anhang

Glossar

Abnabeln
Keines der anderen Chakren arbeitet mit dem einen, angegebenen Chakra zusammen, das heißt es sind keine oder nur schwache energetische Verbindungen vorhanden

Ausleiten, Entgiften
Schwermetalle und andere schädliche Stoffe können durch Spirulina- oder Chlorella-Algen, Selen, Zink und andere Stoffe, auch durch Wassertherapie* ausgeleitet werden.

Gepolte Hände
Messungen an den Händen/Fingern von Heilern, welche speziell mit den Händen (Handauflegen) arbeiten, haben ergeben, dass es möglich ist, die Hände so umzupolen, dass an einer Hand alle Finger pluspolig, an der anderen alle minuspolig sind. Der dadurch zwischen den Händen fließende biomagnetische Strom hat eine ganz besondere Wirkung. Das Polen der Hände kann erlernt werden.

Geistführer
Alle mir bekannten erfolgreichen Heiler haben nach ihren Aussagen einen oder mehrere geistige Helfer – Engel, Geistführer oder Ärzte aus dem Jenseits. Ohne diese geistigen Helfer ist es meiner Erfahrung nach nicht möglich, die geistigen Energien aufzubringen, um schwerste Störungen zu beheben.

Geisteschirurgie
Darunter versteht man die Kräfte, die durch den Heiler wirken, welche die Materie so verändern, dass Eingriffe ohne Instrumente, nur mit bloßen Händen am menschlichen Körper vorgenommen werden können. Heiler mit diesen Fähigkeiten gibt es nur wenige, aber die Vorstufe von Materialisationen oder Entmaterialisationen sind geistige Veränderungen am Energiekörper (Ätherkörper), die dann eine Veränderung des physischen Körpers nach sich ziehen. Diese geistige Heilung

beherrschen viele Heiler. Immer aber ist dazu ein geistiger Helfer notwendig.

Heilzeichen

Schon lange ist bekannt, dass von bestimmten Zeichen und Farben eine Stimulation ausgeht. Gezielt an der richtigen Stelle eingesetzt, kann von Farben und Formen eine Information ausgehen, die eine heilsame Wirkung ausübt.

Kundalini

Alle sieben Hauptchakren sind mit einer Art »Energieband« – der Kundalini – verbunden. Dieses Energieband ist der Repräsentant unserer Lebens- oder Vitalkraft. Dieses Band ist in seiner Stärke abhängig von der Energiedichte eines jeden Chakras und steht in Wechselwirkung zum Rückenmark sowie zum Meridiansystem.

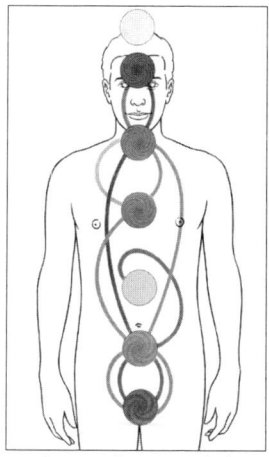

Nadis – große Energiebahnen

Kommunikationsstörung

Alle Chakren und Energiesysteme stehen direkt und indirekt in energetischer Wechselwirkung. Diese Wechselwirkung (Informationsaustausch) kann von Chakra zu Chakra, von Chakra zu Meridian oder von Chakra zum Nervensystem unterbrochen oder gestört sein. Daraus entstehen Funktionsstörungen, also Krankheitssymptome.

Organsprache

In der Schule der Geistheilung wurde eine Therapie entwickelt, die einen Dialog mit Organen und Körperteilen möglich macht. Dadurch können verborgene Krankheitsverursacher aufgedeckt und behoben werden.

Säure-Basen-Haushalt

Dieser ist äußerst wichtig für den gesamten Stoffwechsel und für viele andere lebenswichtige Funktionen. Eine Entgleisung kann durch falsche Ernährung und/oder durch psychische Probleme (zum Beispiel Angst oder »sauer sein«) entstehen. Ein aus dem Gleichgewicht geratener Säure-Basen-Haushalt ist fast immer mit Störungen in den Chakren 2 und 5 verbunden.

Schwermetalle
siehe »Vergiftungen«

Trafo
Dies ist ein Nebenchakra (ein biomagnetisches Feld) des 6. Chakras und befindet sich am obersten Ende der Wirbelsäule, dort wo der Kopf auf dem Atlas (C1) sitzt. Er regelt im Bereich der Medulla oblongata die nervliche Spannung zwischen Gehirn und Rückenmark.

Vergiftung
Damit sind alle Stoffe und sonstigen Einflüsse gemeint, die den Organismus vergiften können – zum Beispiel Schwermetalle, Blei, Quecksilber, tote Zähne, Umweltgifte, Medikamente und vieles mehr.

Wassertherapie
Darunter versteht man regelmäßiges Trinken von stillem Wasser, jede Stunde etwa 1/8 Liter. Die reinigende Wirkung liegt in der Regelmäßigkeit der Flüssigkeitszufuhr über den Tag verteilt.

Suggestionen / Affirmationen

1. Chakra

- Du liebst das Leben.
- Du freust dich auf jeden Tag und machst wundervolle Erfahrungen.
- Mut und Selbstwert bestimmen dein Leben, entspannt und friedlich nimmst du alle Erfahrungen an.
- Überall findest du Gutes für dich und gehst freudig auf weitere Dimensionen zu.
- Du vertraust auf dein Vorwärtsgehen und akzeptierst es.
- Du bist ein lebendiger Liebender, ein freudiger Ausdruck des Lebens.
- Du erhebst dich über frühere Begrenzungen und kannst die Fülle des Lebens freudig aufnehmen.
- Du bist fest verankert in der Liebe und Freude.
- Liebe und Freude bestimmen deinen Weg.
- Du hast die Kraft, die Stärke und das Können, alles im Leben zu bewältigen.
- Von heute an wird alles besser und besser.

2. Chakra

- Voller Liebe lässt du die Vergangenheit los.
- Freudig schreitest du weiter, das Leben zu erfahren.
- Von heute an findest du immer einen neuen Weg. Freude und Frieden begleiten dich.
- Du lässt alles hinter dir, was unfrei macht, und stehst sicher auf beiden Beinen.
- Du erhebst dich über alle Ängste und Begrenzungen.
- Neue Erfahrungen geben dir die Freiheit, Veränderungen zu leben.
- Das Leben begeistert dich, du bist voller Energie.
- Das Leben ist wie ein freudvoller Tanz. Du bewegst dich freudig vorwärts.
- Die Vergangenheit ist vergeben und vergessen.
- Du lässt alte Begrenzungen hinter dir und drückst dich frei und schöpferisch aus.

- Du lässt das Vergangene los und schreitest dem Frieden entgegen.
- Du gehst neuen Dimensionen mit Leichtigkeit und Freude entgegen.
- Die Vergangenheit ist immer Vergangenheit. Ab heute lebst du nur in der Gegenwart.
- Du stehst fest mit beiden Beinen auf der Erde.
- Inneres Gleichgewicht ist ab heute in dir.

3. Chakra

- Du bist ganz in deiner Mitte.
- Du kannst alle neuen Erfahrungen leicht und freudig aufnehmen und verarbeiten.
- Du beschließt, alles mit Freude und Liebe zu betrachten.
- Es gibt immer eine harmonische Lösung.
- Du traust dem Prozess des Lebens.
- Das Leben nährt und unterstützt dich.
- Du hast die Freiheit, in jeden Teil deines Körpers, deiner Welt Liebe und Freude zu bringen.
- Du hast die Kraft, die Stärke und die Fähigkeit, alles zu verdauen, was dich berührt.
- Du verarbeitest alle Eindrücke des Lebens mit Leichtigkeit.
- Das Leben stimmt dir zu; du kannst jeden Augenblick alles Neue aufnehmen.
- Du vertraust deiner inneren Stimme und bist entspannt, im Wissen, dass das Leben für dich da ist.
- Leben ist Wandlung, und du passt dich dem Neuen an.

4. Chakra

- Du erlaubst der Liebe in deinem Herzen, jeden Teil deines Körpers zu reinigen und zu heilen.
- Freude strömt durch dich, aller Druck löst sich auf.
- Liebe entspannt und löst alles auf, was ohne Frieden und Freiheit ist.
- Du lebst in Liebe und Freude, in Anerkennung und Frieden.

- Deine Liebe heilt auch schmerzvolle Erinnerungen in deinem Körper.
- Deine Liebe und Freude sind ein vollkommener Rhythmus in dir.
- Du liebst und akzeptierst dich, dadurch entsteht das Bestmögliche für dich.
- Du beschließt, alle Aufgaben mit Liebe, Leichtigkeit und Freude zu erfüllen.
- Liebe fließt in jeder Zelle deines Körpers.
- Die Liebe der Schöpfung ist in dir; du bist sicher und geborgen.
- Du stehst unter dem Schutz göttlicher Liebe.
- Du beschließt, dein Leben zu lieben; deine Kanäle der Liebe sind weit offen.
- Du erlaubst der Liebe in deinem Herzen alles zu heilen, in dir und in deiner Welt.
- Die heilende Kraft der Liebe entspringt deinem Herzen.

5. Chakra

- Leicht und mühelos geht Altes von dir und Neues entsteht in dir.
- Du gibst dir die Erlaubnis, alles zu sein, was du sein möchtest.
- Du bist willens, dich zu wandeln: du lernst mit Freude.
- Alles in dir kommt ins Gleichgewicht und in Harmonie.
- Du bist eingebettet in Frieden.
- Liebevoll umarmst du deine Erfahrungen; Zufriedenheit ist dein Ziel.
- Alles Leben ist Wandlung, liebevoll gehst du diesen Weg.
- Alles Diesseitige und Extreme lässt du los und wirst zum Zentrum der Liebe.
- Von heute an triffst du alle Entscheidungen leicht, einfach und freudig.
- Ausgewogenheit ist in dir.
- Du bist sicher in deinen Emotionen.
- Ab heute stehst du über den Dingen.

6. Chakra

- Du nimmst die göttliche Fügung an – sie macht dich frei.
- Dein Denken ist in Frieden, ruhig und ausgeglichen.
- Du gestattest deinem Denken, sich Frieden, Klarheit und Harmonie zu schaffen.
- Geistige Kraft nährt dich.
- Deine Liebe reinigt deinen Körper und alle deine Zellen von negativen Gedanken über Krankheiten.
- Du erkennst deine Kraft, die getragen wird von Wahrhaftigkeit und Gewissenhaftigkeit.
- Deine Gedanken sind in Harmonie, Mitgefühl und Verständnis bringen dir Frieden.
- Dein Leben wird von geistiger Erkenntnis getragen.
- Leben ist Wandlung; mühelos passt du dich dem Neuen an.
- Alle Sinneseindrücke und deren Verarbeitung sind perfekt für deinen Wachstumsprozess.
- Dein Geist wird getragen von Liebe und Einsicht.
- In wunderbarer Weise verbinden sich dein bewusstes und unbewusstes Denken.
- In dir entsteht das Licht der Erkenntnis. Du erzeugst nur freudige Gedanken.
- Dein Denken ist leicht und freudvoll, und so entstehen friedvolle Erlebnisse.

7. Chakra

- Du wirst täglich neu geboren durch die Liebe der Schöpfung.
- Du erfährst nun die heilende Kraft aus der Quelle aller Dinge.
- Du bist verbunden mit dem Strom göttlicher Lebenskraft.
- Du bist ein Teil des göttlichen Plans – für Gott ist alles möglich.
- Du vertraust dem Fluss des Lebens.
- Du bist ein Teil der schöpferischen Kraft.
- Du bist erfüllt von neuer Energie.
- Du liebst dich und nimmst dich an.
- Nun geschieht das, was du dir wünschst.

- Du stehst unter göttlichem Schutz und bist in Liebe geborgen.
- Der Geist der Schöpfung ist die Struktur deines Lebens.
- Dir ist bewusst, dass dich göttliche Weisheit und Führung stützen.
- Alle Erlebnisse dienen nur dem Wachstum deiner Seele.
- Du hast immer die freie Wahl – ab heute gehst du den Weg in Richtung Vollkommenheit.
- Du löst dich von dem Muster, das dich in den momentanen Zustand geführt hat.
- Du öffnest dich dem geistigen Strom der Heilung.
- Du spürst den Pulsschlag der Vollkommenheit in dir.
- Glaube und Gottvertrauen bestimmen deinen Weg.

Die Wirbelsäule und ihre Chakren-Zuordnungen

C 1	6. Chakra
C 2	
C 3	
C 4	5. Chakra
C 5	
C 6	
C 7	
Th 1	
Th 2	
Th 3	4. Chakra
Th 4	
Th 5	
Th 6	
Th 7	
Th 8	
Th 9	3. Chakra
Th 10	
Th 11	
Th 12	
L 1	
L 2	
L 3	2. Chakra
L 4	
L 5	
S 1	1. Chakra

Organe und ihre Zuordnung zur Wirbelsäule

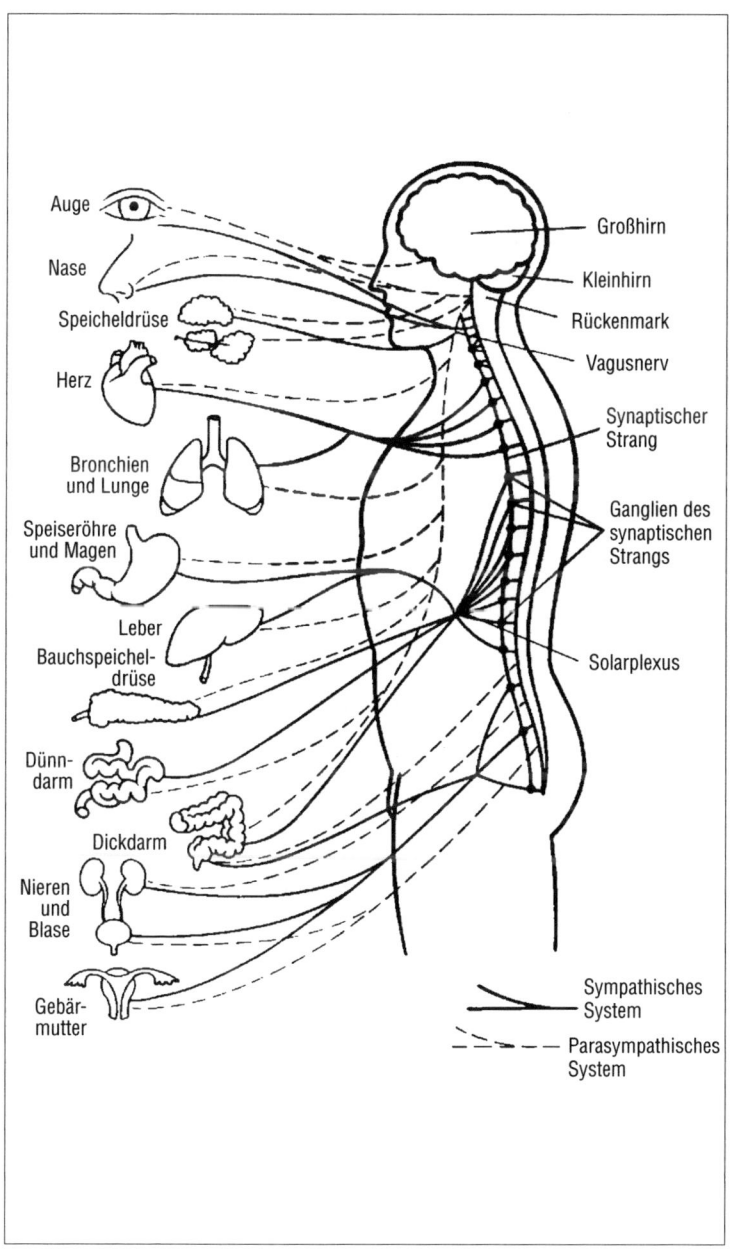

Zähne und ihre Organ-Zuordnungen

Chakra	3/4	3	5/3	3/4	1/2	1/2	3/4	5/2	3	4/6
Sinnes-Organe	Innenohr	Kiefernhöhle	Siebbeinzellen	Auge	Stirnhöhle	Stirnhöhle	Auge	Siebbeinzellen	Kiefernhöhle	Inn.ohr
Gelenke	Schulter Ellenbg	Knie vorne	Schulter Ellenbogen	Hüfte Fuss Knie hi			Hüfte Fuss Knie hi	Schulter Ellenbogen	Knie vorne	Schulter Ellenbg
Drüsen	Hypoph. H.-Lapp.	Schilddrüse Nebenschilddrüse	Thymusdrüse		Epiphyse	Epiphyse		Thymusdrüse	Schilddrüse Nebenschilddrüse	Hyp. V.-Lapp.
Organ / Meridian	Herz re Zentr. Nervensystem	Pankreas Magen rechts	Lunge rechts Dickdarm rechts	Leber re Gallenb Herz re	Niere rechts Blase rechts Urogenitales	Niere links Blase links Urogenitales	Leber li Gallengänge li Herz li	Lunge links Dickdarm links	Milz Magen links	Herz li Zentr. Nervensystem
	🦷	🦷	🦷	🦷	🦷	🦷	🦷	🦷	🦷	🦷
ZAHN	8	7	6	5	4	1	2	3	4	5	6	7	8
	🦷	🦷	🦷	🦷	🦷	🦷	🦷	🦷	🦷	🦷
Organ / Meridian	Herz re	Dickdarm rechts Lunge rechts	Magen rechts Pankreas	Gallenblase	Blase rechts Urogenitales	Blase links Urogenitales	Herz li Leber li	Magen links Milz	Dickdarm links Lunge links	Herz li
Drüsen	periph. Nerven	Arterien Venen	Lymphgefässe	Keimdrüsen	Nebenniere	Nebenniere	Keimdrüse	Lymphgefässe	Venen Arterien	periph. Nerven
Gelenke	Schulter, Ellenbogen		Knie vorne Kiefer	Hüfte, Fuss	Knie hinten	Kreuzbein, Steissbein, Fuss	Hüfte, Fuss	Knie vorne Kiefer	Schulter Ellenbogen	
Sinnes-Organe	Ohr	Siebbeinzellen	Kiefernhöhle	Auge	Stirnhöhle	Stirnhöhle	Auge	Kiefernhöhle	Siebbeinzellen	Ohr
Chakren	4/6	3/5	3	3	1	1	4/3	3	2/5	4

Allergie-Checkliste

seelische Allergie auf

Mitmenschen
Familien-Mitglieder
Partner
Nachbarn
Arbeitskollegen
Freunde

Arbeits-/Putzwut

Sonne

Umweltgifte
chem. Rückstände
Schwermetalle
Elektrosmog

Gerüche

Lärm

Beruf
Mehlstaub
Malergifte
Bürostaub, Kopierer

einschränkende Glaubenssätze

Kreuz-Allergie

Kombination aus diversen Allergien

körperliche Allergie auf

Tierhaare
Katzen- und Kaninchenhaare
Hundehaare
Pferdehaare
Wolle, Federn

Pollen
Blüten
Gräser
Samen

Hausstaub

Farben, Chemikalien

Medikamente, Heilmittel

Kosmetik-Artikel

Wasch- u. Putzmittel

Nahrungs- und Genussmittel
siehe eigene Checkliste

Nahrungs- und Genussmittel-Allergien

Flüssigkeiten
Wasser (Schweiß)
Alkohol
Milch
Tee
Kaffee

Obst
Bananen
Zitrus-Früchte
Beeren-Obst
heimisches Obst

Fette, Öle, Butter

Gemüse
Spargel

Getreide
Dinkel
Weizen
Roggen
Gerste
Hafer

Histamine
Tomaten, Rotwein,
Hartkäse, Salami,
Erdbeeren, Alkohol

tierisches Eiweiss
Milch
Eier
Fleisch
Käse
Fisch
Schalentiere
Hühner

Nüsse/Samen
Haselnuss
Mandeln
Sesam
Erdnusss
Mohn

Gewürze
Anis
Paprika
Kümmel

Hülsenfrüchte
Linsen
Bohnen
Erbsen
Sojabohnen

Grund-Lebensmittel
Zucker
Salz
Reis
Mehl, siehe Getreide
Hefe

Literatur

[1] Familienaufstellung nach Bert Hellinger, diverse Titel

[2] *Die Heilkraft in dir,* Ulrike und Fritz Osterhausen, Verlag Irisiana, München

[3] *Die Schule der Geistheilung,* Horst Krohne, Ansata Verlag, München

[4] *Lehrbuch der Psycho-Kinesiologie,* Dr. Klinghardt, Bauer Verlag, Freiburg i. Br.

[5] Veröffentlichungen von Frau Dr. Sonnenschmidt in Raum & Zeit aus den Jahren 2000 und 2002

[6] *Heile deinen Körper,* Louise L. Hay, Verlag Alf Lüchow, Freiburg i. Br.

[7] Wirbelsäulen-Gymnastik nach Feldenkrais, diverse Titel

[8] *Ohne Brille bis ins hohe Alter,* Harry Benjamin, Bauer Verlag, Freiburg i. Br.

[9] *Revolution in der Herztherapie,* Dean Ornish, Kreuz Verlag, Stuttgart

[10] *Wasser, die gesunde Lösung,* Faridun Batmanghelidj, VAK-Verlag, Kirchzarten bei Freiburg

Adressen

Horst & Anneli Krohne
C/. Acevino 14, Portal 1, AM
E – 38400 Puerto de la Cruz, La Paz
Tenerife, Islas Canarias

**Anneli Krohne-Hösbacher
und Horst Krohne**
Lutherstr. 76
D - 63225 Langen in Hessen
E-Mail: ahoesbacher@gmx.de

Gertraud Erlinger
Plainfeld 110
A-5322 Hof

Horst Krohne: Gründer der
Schule der Geistheilung nach Horst Krohne ®

AUSBILDUNG mit Abschluss Zertifikat
Heilervermittlung
Übungs- und Heilkreise
Bücher von Horst Krohne
HEILSPIEGEL-Magazin

www.schule-der-geistheilung.de
office@schule-der-geistheilung.de

Register der Krankheiten und Symptome

A

Abszess	48
Abwehrschwäche	24
Adenom	61
AIDS	24
Akne	65
Aktivität	25
Alkoholismus, siehe »Süchte«	
Allergien	26
Alzheimer	27
Anämie	37
Angina pectoris	69
Angst	28
Apathie	29
Armprobleme	30
Arterienerkrankungen, allgemein	30
Arteriosklerose	31
Arthrose	73
Asthma	32
Atemwegserkrankungen	32
Augenprobleme	35
Ausschlag, siehe »Hautausschlag«	

B

Bandscheibenvorfall	120
Bauchkrämpfe	82
Bauchspeicheldrüsen-Entzündung	41
Behandelte Zähne	122
Bettnässen	36
Blähungen	83
Blasenprobleme	111
Blut, allgemeine Probleme	37
Blutarmut	37
Blutdruck hoch/niedrig	38
Bronchitis	32
Brust, Knoten/Zysten	50
Bulimie	47

C

Cholesterinspiegel, zu hoher	39

D

Darmentzündung ... 86
Dauerschmerz ... 104
Diabetes ... 40
Dickdarm/Verstopfung ... 84
Drüsen ... 40
Drüsenprobleme, allgemein ... 40
Dünndarm/Durchfall ... 85
Durchblutungsstörung im Gehirn ... 55
Durchfall ... 85

E

Eierstöcke ... 42
Einseitige Beschwerden ... 78
Entzündungen ... 47
Epilepsie ... 95
Erkältungen ... 33
Ermüdung ... 49
Erstickungsanfälle ... 34
Ess-Störungen, allgemein ... 46

F

Fieber ... 75
Frauenleiden, allgemein ... 50
Frösteln ... 75
Furunkel ... 66

G

Gallenprobleme, allgemein ... 53
Gallensteine ... 54
Gastritis ... 85
Gebärmutter ... 51
Gedächtnisschwund ... 58
Gehirn ... 55
Gehirnlähmung ... 56
Gehirntumor ... 57
Gelenke im Oberkörper ... 59
Gelenke im Unterkörper ... 59
Genitalien ... 61
Geschwulst ... 61

Gicht 103
Gleichgewichtsstörungen 62
Grippe 34
Gürtelrose 62

H

Hals, allgemein 63
Harnwegsinfektion 112
Hautausschlag 65
Hautprobleme, allgemein 64
Hepatitis 80
Herz, allgemein 67
Herz-Rhythmus-Störungen 69
Hoden 42
Hypophyse 42
Hypothalamus 42

I

Immunschwäche, siehe »AIDS«
Impotenz 70
Inaktivität 25
Infektionen 70

K

Karbunkel 66
Kehlkopfentzündung 63
Kiefergelenk 60
Kinderkrankheiten 71
Knochen 72
Knochenmark 72
Knochenwucherung 72
Kolitis 86
Koma 73
Kopfschmerzen 74
Körpergeruch 75
Körperliche Allergie 26
Körperseiten – einseitige Beschwerden 78
Körpertemperatur – Abweichungen 75
Krämpfe 77
Krämpfe im Darmbereich 86
Krampfadern 76

Krebs 78
Kronen 122

L

Lähmungen 79
Lebererkrankung 80
Lungenerkrankungen, allgemein 80
Lymphdrüsen 43

M

Magen-Darm-Bereich 82
Magengeschwür 85
Magenschwäche 87
Malaria 88
Mandelentzündung 63
Menstruationsprobleme 51
Milzerkrankungen 89
Multiple Sklerose 89
Mundgeruch 90
Mundprobleme 90
Muskeln, allgemein ... 91
Muskelschwund 92
Myome 52

N

Nägelprobleme 94
Nase, allgemein 92
Nebenniere 44
Nerven, allgemein 95
Nervosität 96
Neuralgie 96
Neurodermitis 66
Nierenbecken-Entzündung 112
Nierenentzündung 113
Nierenschwäche 114
Nierensteine 115

O

Ödeme, siehe »Schwellungen« 106
Ohnmachtsanfälle 97
Ohrenprobleme 98

147

Osteoporose 73

P

Parasiten 99
Parkinson'sche Krankheit 100
Parodontose 122
Phobien 28
Pilzerkrankungen 100
Plomben 122
Polypen 93
Prostata 115

R

Reisekrankheiten 101
Rheumatischer Formenkreis, allgemein 102

S

Schilddrüsen-Über-/-Unterfunktion 44
Schlaflosigkeit 103
Schlaganfall 57
Schmerzempfindlichkeit 104
Schmerzen 104
Schuppenflechte 67
Schwäche 105
Schwäche, allgemein 105
Schwellungen 106
Schwindel 107
Seelische Allergie 27
Sodbrennen 85
Stottern 108
Süchte 108

T

Taubheit im Bereich des Hörens, siehe »Ohren«
   im Empfindungsbereich, siehe »Lähmungen«
Thymusdrüse 45
Tics 124
Tuberkulose 81
Tumore, siehe »Krebs« beziehungsweise »Geschwulst«

U

Übelkeit 109
Überaktivität 25
Übergewicht 110
Unfruchtbarkeit 53
Unheilbar krank 110
Urogenitalsystem 111

V

Venenentzündung 116
Verbrennungen 116
Verdauungsstörungen 87
Vergiftung 117
Verletzungen 116
Verstauchungen 116
Verstopfung 84
Virus-Erkrankungen 70

W

Warzen 117
Weinerlichkeit 118
Wirbelsäule 118
Wirbelverschiebungen 121
Wunden 116

Z

Zahnersatz 122
Zahnfleischbluten 122
Zahnprobleme, allgemein 121
Zellulitis 123
Zirbeldrüse 46
Zuckungen 124
Zysten 125
Zysten in der Brust 50

Neue Chancen der Geistheilung

Horst Krohne zeigt, wie Traumata im Energiekörper harmonisiert werden können, um belastende Lebensthemen endgültig zu erlösen.

Horst Krohne
Geistheilung mit dem »Lebenskalender«
160 Seiten, Taschenbuch
ISBN 978-3-453-70122-9

HEYNE ‹

Fundiertes Wissen und praktische Methoden

Das Grundlagenwerk, um Geistheilung auf methodische Weise zu erlernen

Horst Krohne
Die Schule der Geistheilung
208 Seiten, Paperback
ISBN 978-3-7787-7202-7

Ansata